武威市凉州文化研究院优秀学术专著资助成果

武威市凉州文化研究院文库 30

编审　张国才

《凉镇志》校点

〔清〕苏铣 纂修

刘开柱 马昌仁 校点

甘肃人民出版社

甘肃·兰州

图书在版编目（CIP）数据

《凉镇志》校点 /（清）苏铣纂修 ；刘开柱，马昌仁校点. -- 兰州：甘肃人民出版社，2024.12.
ISBN 978-7-226-06206-7

Ⅰ.K924.24

中国国家版本馆CIP数据核字第202410RV31号

责任编辑：程　卓
封面设计：雷们起

《凉镇志》校点
LIANGZHEN ZHI JIAODIAN

（清）苏铣　纂修
刘开柱　马昌仁　校点

甘肃人民出版社出版发行
（730030　兰州市读者大道568号）
兰州万易印务有限责任公司印刷
开本787毫米×1092毫米　1/16　印张15　插页2　字数215千
2024年12月第1版　2024年12月第1次印刷
ISBN 978-7-226-06206-7　　定价:60.00元

前言

地方志书，承载着一个地方的厚重历史和灿烂文化，是今人知古、借古鉴今、坚定文化自信、服务中华民族伟大复兴的重要源泉之一。校点出版稀见古旧方志，让沉睡的古籍"活"起来，是传承中华优秀传统文化的一项功在当代、利在千秋的重要工作。

凉州，历史悠久，人文荟萃，曾孕育了史不绝书的"五凉文化"，产生了《王杖简》《仪礼简》《医药简》《西夏碑》等国宝级文物和《凉州词》《凉镇志》《五凉考治六德集全志》《凉州府志备考》等诸多文献史料，给世人留下了丰厚的精神文化财富。

《凉镇志》即《丁酉重刊凉镇志》，又称《重刊凉镇志》或《"顺治"凉镇志》，它是在明《"天启"凉镇志》部分残稿基础上由苏铣于清顺治十四年（1657年）主持编修的一部以军事防卫为主要内容的志书，也是武威历史上迄今为止所看到的第一部地方志书。以前，只闻其名，难见其书。如今，能够依据甘肃省图书馆藏《凉镇志》（复制件）等资料，校点出版这部弥足珍贵的旧志，使之与广大读者见面，有其独特价值和重大意义。

苏铣（约1626—1697年），字泽公，号治如，直隶河间府交河人。清顺治二年（1645年）举人，次年联捷进士；顺治六年（1649年）授卫辉府推官；顺治九年（1652年）任山东道试监察御史，次年改山西巡按御史；顺治十二年（1655年）以陕西布政司右参议任职分守西宁道（驻凉州）；顺治十五年（1658年）任陕西按察司副使整饬平庆道；顺治十七年（1660年）任广东布政司参政分守岭东道。康熙元年（1662年）任江西按察使；康熙四年（1665年）告假归里奉亲，再未入仕。"卒年七十有二"。

从分守西宁道陕西布政司右参议苏铣重辑的《西镇志》和纂修的《凉镇志》、分巡西宁道按察司副使杨春茂编纂的《甘镇志》和肃州监收临洮府通判高弥高重刊的《肃镇志》均刊行于顺治十四年（1657年）可知，4部镇志在同年重刊，当为清初朝廷严令西北边镇限时完成的一项紧迫任务。苏铣在其序言中简述了重刊的过程，因明天启年间由分守西宁道杨俊臣开编、继任王顺行续成的《凉镇志》书版毁于清顺治五年（1648年）之兵燹，旧志不存。苏铣"奉公之命，力为搜访，始得旧志数册，求遗补阙，掌录舌书，间亦芟除不行之款、虚载之条，存旧者九，新增者三，一百五年来事迹粗备，捐俸募工，不三月而书告成"。其工效之速、境界之高，令人钦佩。《"顺治"凉镇志》以《"天启"凉镇志》史料为主体，增补了自前志下限即明嘉靖三十二年（1553年）之后105年的历史资料，苏铣虽将其称作"重刊"，实为重修，系凉州历史上地方志书的奠基之作。这为近百年后张玿美编修《五凉全志》打下了基础，也为后世研究和续写凉州历史提供了非常珍贵的第一手史料。

《凉镇志》刻本藏国家图书馆古籍馆，每页8行、每行20字，小字双行、每行40字，白口，书口题"丁酉重刊凉镇志"字样，四周双边，无格。全书分两大部分，共470页。第一部分是凉州疆域图图片80页。第二部分是正文，分地理、建置、官师、兵防、岁计、人物6志30余目390页，主要记载了凉州卫、永昌卫、镇番卫和古浪守御千户所的历史沿革、山河形胜、关隘要地、城垣古迹、驿传铺舍、堡寨烽墩、防卫部署、兵马戎器、户口田粮、赋税收支、风俗物产、职官人物和奏疏、碑文及诗赋等史实，其中兵防志、岁计志和奏疏尤为详细。

由于原刻本系"不三月而书告成"，且所用纸张和印制质量比较差，绝大多数页面有油墨互拓重影、纸张透墨、字迹漫漶、模糊不清，甚至有拓印时遮物缺字等现象，严重影响阅读。为使这部志书能与广大读者见面，我与马昌仁先生商定分工负责校点出版这部旧志。自2021年以来，他凭借电脑操作技术和测绘实践经验，主要负责凉州疆域图的描摹、拼接及编排制作等工作。我主要负责总体策划、史料查阅、原文录入、标点及参校订正等工作。在工作中两人边学边干，互校互审，共同商讨解决疑难问题。

在图片校点方面，我们主要做了三项工作：

一是根据原图排序新编页码，用普通电脑进行逐页描摹，做到认真细致，不放过每个线条及细节。经反复拼接原图，寻找内在规律，将80页原图依凉州等"三卫一所"实际情况拼制成现在的40页，并设计制作出"凉州疆域图校点索引"，为读者阅读提供了便利。

二是根据《凉镇志》凉州总图创制了清代凉州第一幅独立完整的高清全域图，即"清顺治凉州疆域图（1657年）"，丰富了凉州地图资料。

三是需要特别指出的是，原刻本疆域图的地标地物依上南下北方向绘制，没有图例、比例尺和页码，属清代凉州的全域示意图。

原图中用直线条标示的长城（俗称"边墙"）、旧边、旧壕等图标不易辨识，为使其比较直观形象，我们做了适当调整修改，还纠正了原刻本"镇番卫黑山堡"与"古浪所黑松堡"图片位置的排版错误。对原图中明显的缺字漏字和别字，分别予以补充更正。对原图中存在的其他问题，如永昌城北河流，第1页（总图）位于宁远堡东面，第6页（永昌城）位于宁远堡西面；穿越古浪城的河流，第3页（总图）是东西走向，第14页（古浪城）是南北走向；凉州大佛寺，第10页（凉州城）位于张义堡西面，第23页（张义堡）位于张义堡东面等，均以原图为准，未作任何更改，以保持古籍图片的原样。

在文字校点方面，主要做了六项工作：

一是断句标点。在反复阅读、理解文意的基础上，划分段落，断句标点。对引文和个别专用名词标以引号；对文中的书名和碑刻诗文名标以书名号；对文中附注或说明性文字，除标点外，另加括号并用与正文不同的字体字号以区别主次；其余均执行国家批准的《标点符号用法》（GB/T 15834—2011）标准。

二是标准用字。在标点断句时，对通假字、异体字和繁体字，如慴—慑、迯—逃、礧—礌、剏—创、尟—鲜、覈—核、韺—悲、籲—吁、汙—污、婾—偷、祇—祸—祸、儁—俊、濬—浚、蒐—搜等，一律改为国务院公布的标准简化字。

三是校勘纠错。对原刻本中明显的错误，作了校勘更正，在原字后加【】，内为正字。如抽【袖】、戎【戒】、瀚【浣】、共【其】、兔【氾】、义【久】、识【识】、起【建】、自【有】、圯【圮】、斐【棐】、蜓【蜒】、尉【慰】、金【签】、旬【训】、切【窃】、史【使】、颗【棵】、头【投】、心【惺】红、甘列【冽】、追陪【赔】、硫黄【磺】、刘宦【官】寨、打【达】家寨、位【魏】佐寨、春冬隆【农】隙之时等。对出现频率较高且有本义的"止有""战没""火砲""石碛口"中的"止""没""砲""碛"等，均未作更正。

四是补遗补残。对原刻本的错行漏句、漏字或页面残缺者，查核参校其他古籍史料予以补充，补充的文字加〖〗。如原刻本《明嘉靖二十五年巡抚都御史杨博修筑紧要城堡以弥补外患疏》中的漏行文字，依据杨博同年的另一篇疏文内容补充修改为："东制镇羌、岔口，以达庄浪；西〖制黑松、古浪，以达凉州。无事团聚操练，有警分布截杀，以静制〗动，以逸待劳。"

五是补充填白。对原刻本中因故将"匈奴""回"等字抠挖、涂抹，或因破损、拓印遮物等造成的缺字，予以勘核填补。对图文中实在无法辨认和缺损的文字用"□"标示。原刻本中多出的衍文，用"〈〉"标示。

六是调整版式。将原刻本的竖排版改为现行的横排版。将应单独占行、应另起行却题文紧连或只用"○"分隔的，均以现今排版格式，提行分段，规范处之。对原刻本出现"清朝""国朝""皇恩""圣天子"等字样时提行顶格以表尊崇的现象，均按现今行文格式处理，从而使得文意连贯，句式整齐。

在校点过程中，我们始终遵循"立足原著，校点如旧，力求精准，确保质量"的原则，以国家图书馆馆藏《凉镇志》为标准底本，以保持古籍图文原貌为目的，以时间服从质量、"慢工出细活"的方法，确保《凉镇志》的校点质量。为此，我们依据甘肃省图书馆收藏的《甘肃府县旧志全编·河西卷》第1册《重刊凉镇志》影印件（图文俱全）、《陇右文库·方志库》第33册《"顺治"凉镇志》（无图，缺页）、北京图书馆藏《凉镇志》缩微胶片（摄制于1958年，有图，缺页）、《凉镇志》复印件5册（原件藏四川省图书馆，无图，缺页多）和《五凉全志校注》《重刊甘镇志》《肃镇华夷志》《陇边考略》等古籍史料进行了参校并补充完善。今年5月以来，依据西北师范大学古籍整理研究所漆子扬教授提供的国家图书馆"中华古籍资源库·数字古籍"《凉镇志》（两个版本）和《边政考》进行了终审校核，使校点质量得到进一步提升。

  整理校点古旧方志，是一项十分艰难而又特别精细的工作。近几年，我们虽然尽心竭力地对《凉镇志》刻本进行了校勘标点，但因学识所限，舛误疏漏之处，恐难避免，恳请读者不吝指正。

  附：原刻本页面选（复制件）。

刘开柱

二〇二四年六月

重刊涼鎭志序

涼州舊志修自前明楊公觀成於西平王公至

朝嘉靖癸丑歲此修發之由皆不載故無從

考二公至今又一百五十年其間治亂興衰時移代遷

變雖山川猶歷之詳跡城字漫無人物

幾十年將遂不可考矣

清五年遇一叛變志版既遭燬書復不存

...

無不感備自見

聖天子於億萬載之基於不墜矣餘歲

君子諸務牧理之外禦防尤為遠馬此予修志

之深意也

順治丁酉歲春

賜進士出身分守西寧道陝西布政司右叅議前

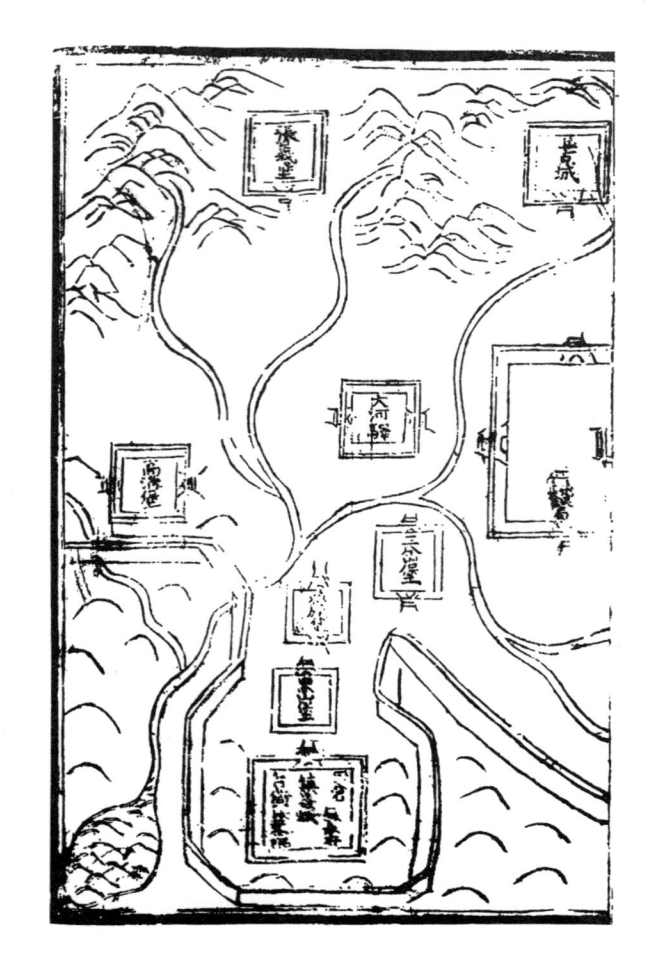

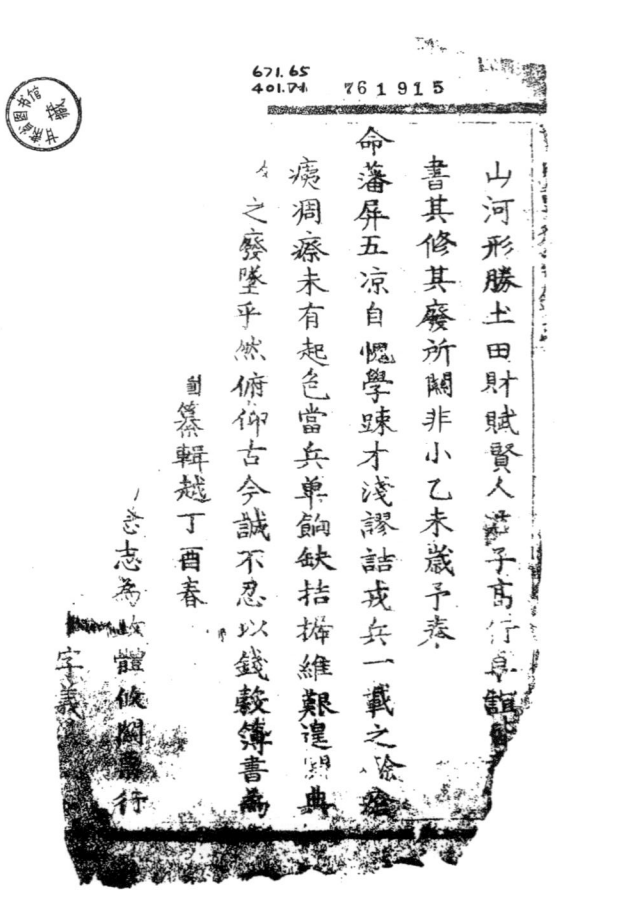

山河形勝土田財賦與人煙蕃庶不可以一日無志

書其修其慶所關非小乙未歲予奉

命潘屏五涼自慚學踈才淺謬膺兵憲之

之症洞源未有起念嘗兵革飾餓接踵继纍運斯典

然察隍俯仰古今誌不忍以錢較薄書

剪燭輯楚丁酉春

一念志蔔體俊阙邠行

校点目录

凉州疆域图校点索引
清顺治凉州疆域图（1657年）
《重刊凉镇志》刻本起始页

凉州疆域图 / 一

重刊凉镇志序 / 四一

目录 / 四三

凉州卫 / 四五

  地里志 / 四五

   沿革 / 四五

   疆里 / 四六

   山川 / 四七

   水利（附桥梁）/ 四八

   风俗 / 四九

   物产 / 四九

   古迹（附坟墓，非名贤不录）/ 五三

建置志 / 五四

  城垣 / 五四

  公署 / 五五

  学校 / 五六

  坛墠 / 五六

  祠祀（附寺观）/ 五七

  驿传（〖附铺舍〗）/ 五九

官师志 / 六〇

  名宦 / 六〇

  道属（附原【员】额）/ 六九

兵防志 / 七五

  军制（附马匹）/ 七五

  堡寨 / 七七

  烽墩 / 八〇

  隘口 / 八六

  戎器 / 八八

岁计志 / 八九

  户口 / 八九

  地粮（附从省关领折饷）/ 九一

  马粮 / 九二

  课税 / 九二

  支放 / 九二

人物志 / 九四

  乡贤 / 九四

  忠烈 / 九九

  节孝 / 一〇一

  甲第 / 一〇一

  乡试 / 一〇二

流寓 / 一〇二

　　　仙释 / 一〇三

永昌卫 / 一〇五

　　地里志 / 一〇五

　　　沿革 / 一〇五

　　　疆里 / 一〇六

　　　山川 / 一〇六

　　　水利（附桥梁）/ 一〇八

　　　风俗 / 一〇九

　　　古迹（附坟墓，非名贤不录）/ 一〇九

　　建置志 / 一一〇

　　　城垣 / 一一〇

　　　公署 / 一一一

　　　学校 / 一一一

　　　坛壝 / 一一一

　　　祠祀（附寺观）/ 一一二

　　　驿传（附铺舍）/ 一一二

　　官师志 / 一一四

　　　名宦 / 一一四

　　　道属（附员额）/ 一一五

　　兵防志 / 一一五

　　　军制（附马匹）/ 一一五

　　　堡寨 / 一一六

　　　烽墩 / 一一八

　　　隘口 / 一二五

　　　戎器 / 一二六

　　岁计志 / 一二七

　　　户口 / 一二七

地粮 / 一二七

　　　马粮 / 一二八

　　　课税 / 一二八

　　　支放 / 一二八

　人物志 / 一二九

　　　乡贤 / 一二九

　　　孝行 / 一二九

　　　甲第 / 一二九

　　　乡试 / 一三〇

镇番卫　/ 一三一

　地里志 / 一三一

　　　沿革 / 一三一

　　　疆里 / 一三二

　　　山川 / 一三二

　　　水利 / 一三三

　　　风俗 / 一三四

　　　古迹 / 一三四

　建置志 / 一三四

　　　城垣 / 一三四

　　　公署 / 一三五

　　　学校 / 一三五

　　　坛壝 / 一三六

　　　祠祀（附寺观）/ 一三六

　　　驿传（附铺舍）/ 一三七

　官师志 / 一三七

　　　名宦 / 一三七

　　　道属（附员额）/ 一三八

　兵防志 / 一三九

军制（附马匹）/ 一三九

　　堡寨 / 一三九

　　烽墩 / 一四〇

　　隘口 / 一四三

　　戎器 / 一四三

岁计志 / 一四四

　　户口 / 一四四

　　地粮 / 一四五

　　马粮 / 一四五

　　课税 / 一四五

　　支放 / 一四五

人物志 / 一四六

　　乡贤 / 一四六

　　贞节 / 一四八

　　乡试 / 一四九

古浪所 / 一五一

地里志 / 一五一

　　沿革 / 一五一

　　疆里 / 一五一

　　山川 / 一五二

　　水利（附桥梁）/ 一五二

　　风俗 / 一五三

　　古迹 / 一五三

建置志 / 一五四

　　城垣 / 一五四

　　公署 / 一五五

　　坛壝 / 一五五

　　祠祀（附寺观）/ 一五五

驿传（附铺舍）/ 一五六
　官师志 / 一五七
　　　名宦 / 一五七
　　　道属（附员额）/ 一五八
　兵防志 / 一五八
　　　军制（附马匹）/ 一五八
　　　堡寨 / 一五九
　　　烽墩 / 一六〇
　　　隘口 / 一六三
　　　戎器 / 一六五
　岁计志 / 一六六
　　　户口 / 一六六
　　　地粮 / 一六六
　　　马粮 / 一六六
　　　课税 / 一六七
　　　支放 / 一六七
　人物志 / 一六八
　　　贞节 / 一六八

疏　赋　诗　/ 一六九
　奏议 / 一六九
　前志奏议 / 一七〇
　前志碑记 / 一九一
　前志诗歌 / 一九七

后记 / 二一三

凉州疆域图校点索引

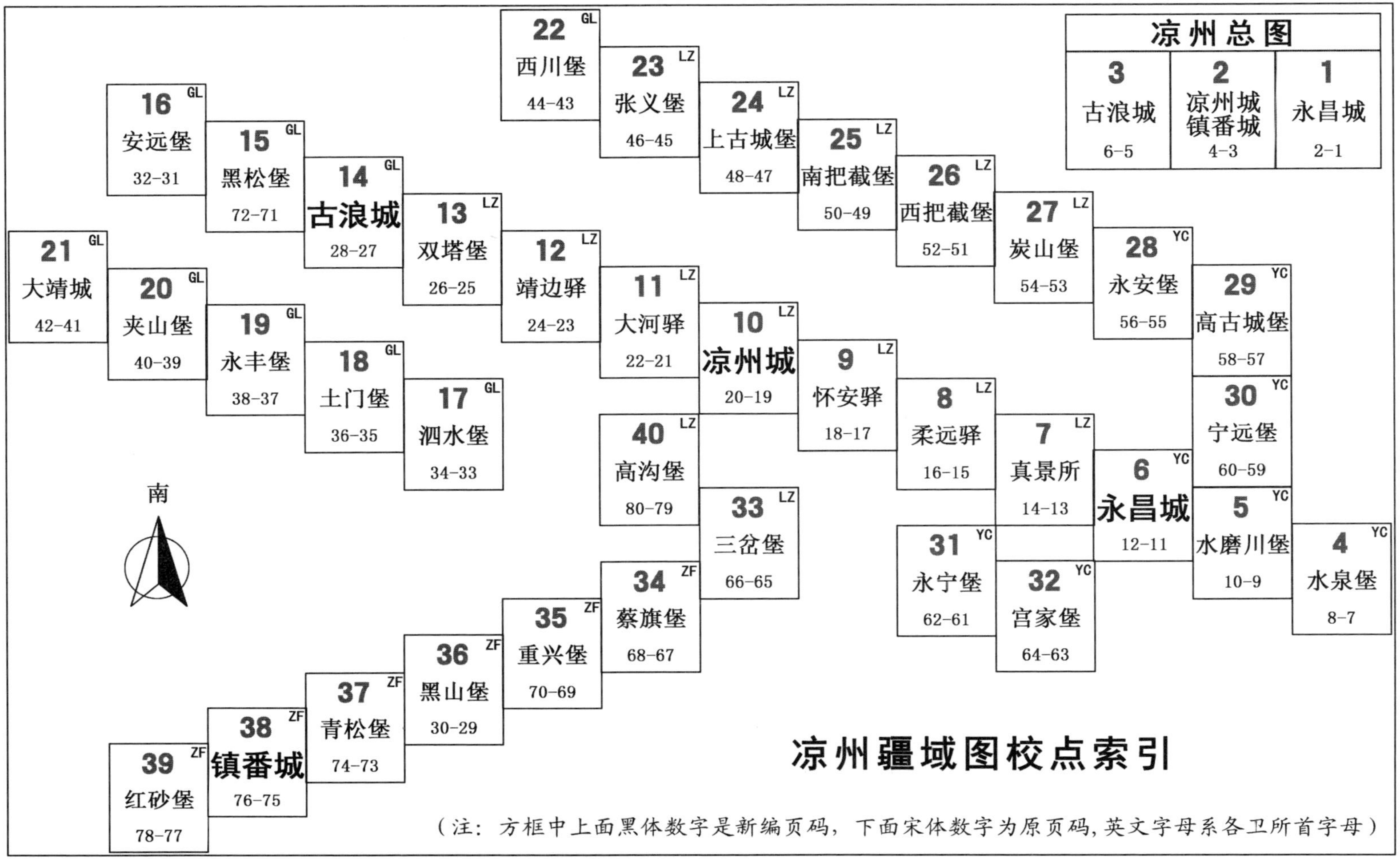

凉州总图

1 永昌城 2-1
2 凉州城镇番城 4-3
3 古浪城 6-5

- 4 YC 水泉堡 8-7
- 29 YC 高古城堡 58-57
- 30 YC 宁远堡 60-59
- 5 YC 水磨川堡 10-9
- 28 YC 永安堡 56-55
- 6 永昌城 12-11
- 27 LZ 炭山堡 54-53
- 7 LZ 真景所 14-13
- 32 YC 宫家堡 64-63
- 26 LZ 西把藏堡 52-51
- 8 LZ 柔远驿 16-15
- 31 YC 永宁堡 62-61
- 25 LZ 南把藏堡 50-49
- 9 LZ 怀安驿 18-17
- 24 LZ 上古城堡 48-47
- 10 LZ 凉州城 20-19
- 33 LZ 三岔堡 66-65
- 23 LZ 张义堡 46-45
- 11 LZ 大河驿 22-21
- 40 LZ 高沟堡 80-79
- 34 ZF 蔡旗堡 68-67
- 22 GL 西川堡 44-43
- 12 LZ 靖边驿 24-23
- 35 ZF 重兴堡 70-69
- 13 LZ 双塔堡 26-25
- 17 GL 泗水堡 34-33
- 36 ZF 黑山堡 30-29
- 14 GL 古浪城 28-27
- 18 GL 土门堡 36-35
- 37 ZF 青松堡 74-73
- 15 GL 黑松堡 72-71
- 19 GL 永丰堡 38-37
- 38 ZF 镇番城 76-75
- 16 GL 安远堡 32-31
- 20 GL 夹山堡 40-39
- 39 ZF 红砂堡 78-77
- 21 GL 大靖城 42-41

南 ➤

（注：方框中上面黑体数字是新编页码，下面宋体数字为原页码，英文字母系卫所首字母）

重刊凉镇志

清·苏铣 纂修

清·顺治十四年刻本

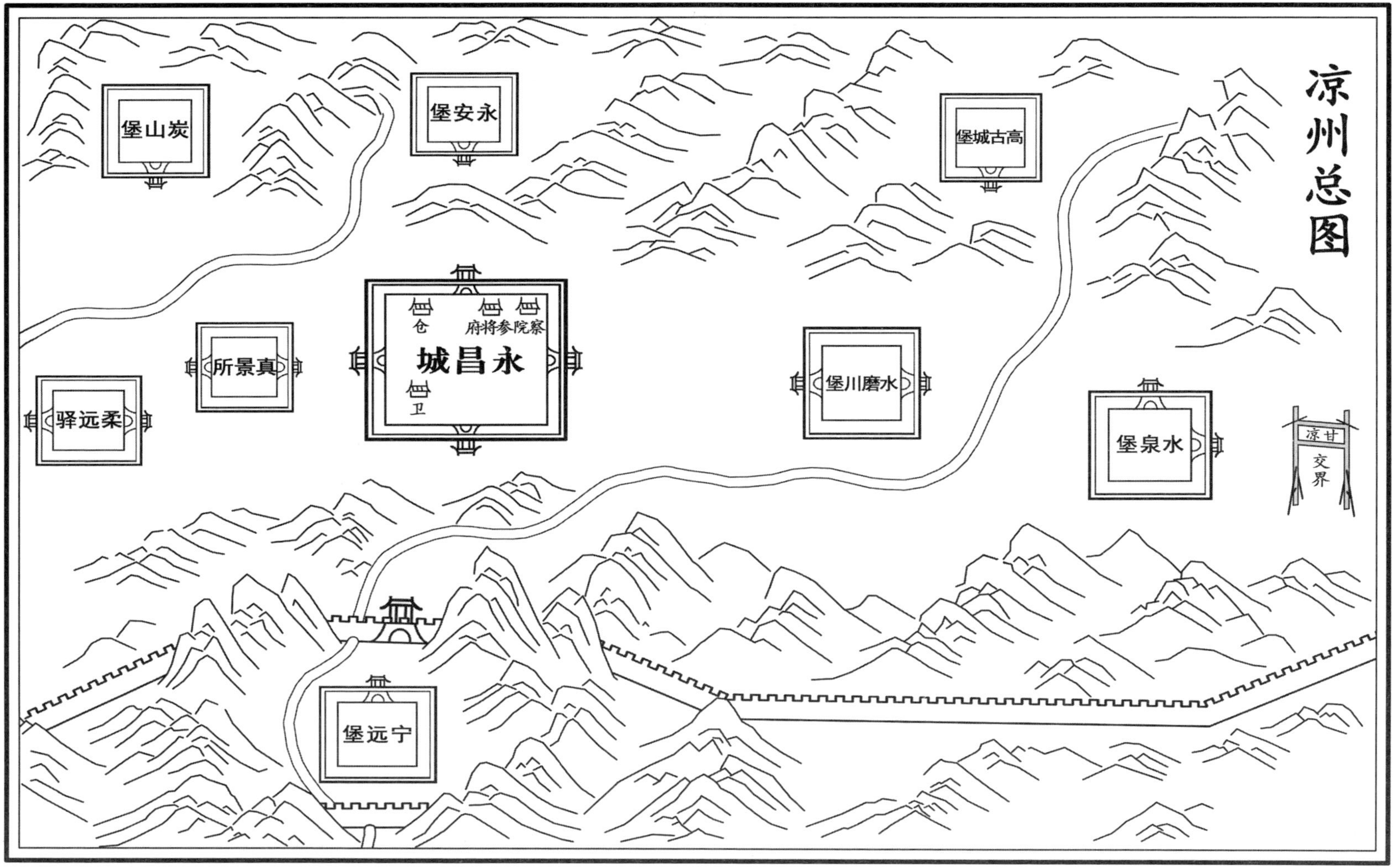

凉州总图

凉甘界

水泉堡

高古城堡

水磨川堡

永安堡

永昌城
察院 参将府
卫

宁远堡

真景所

炭山堡

柔远驿

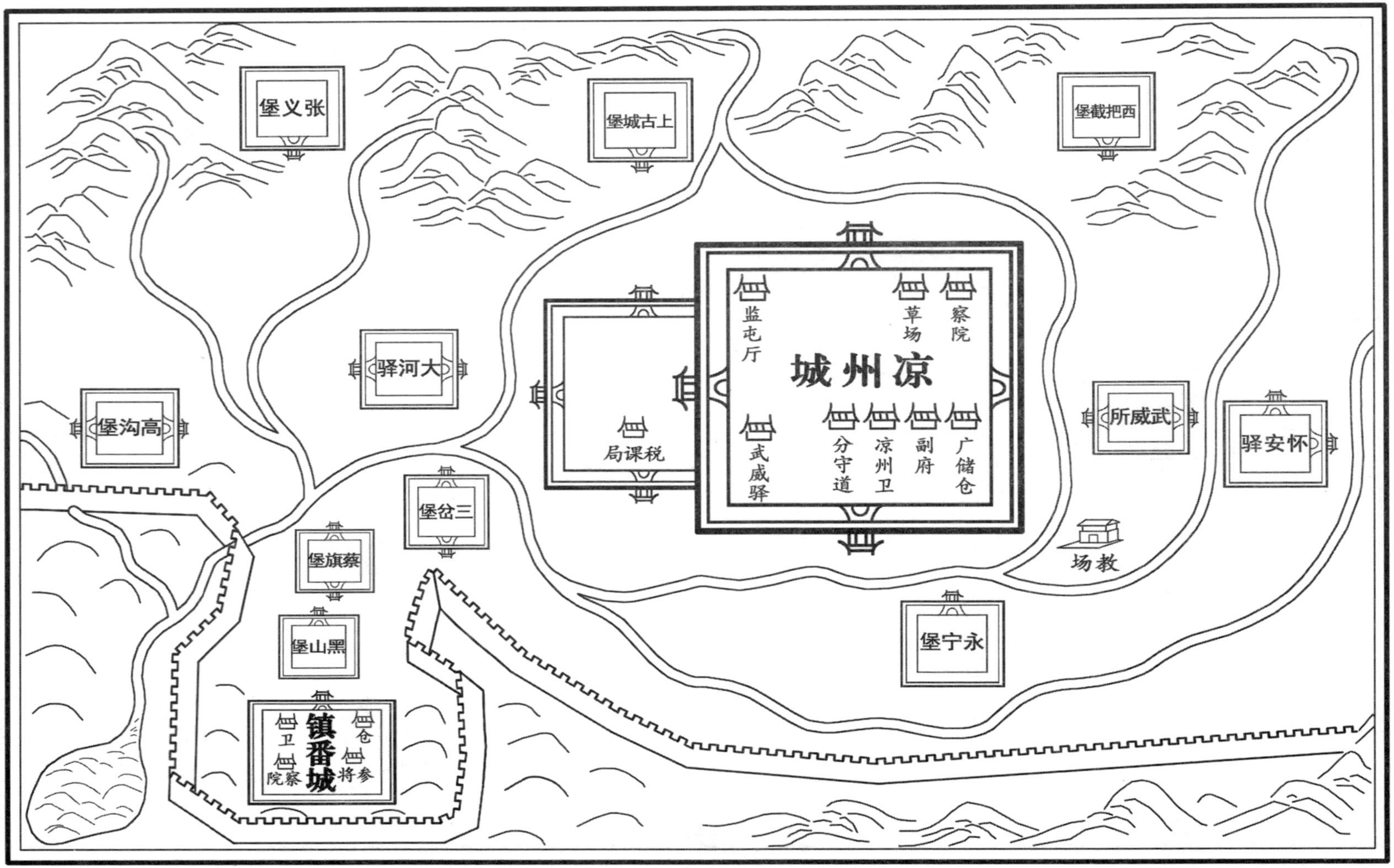

凉州城图

凉州城
- 察院
- 草场
- 广储仓
- 副府仓
- 凉州卫
- 分守道
- 监屯厅
- 武威驿
- 局课税

驿安怀
所威武
教场
堡把西截
堡宁永
堡古城上
驿河大
堡三岔
堡义张
堡旗蔡
堡山黑
镇番城
- 卫
- 察院
- 仓
- 参将
堡沟高

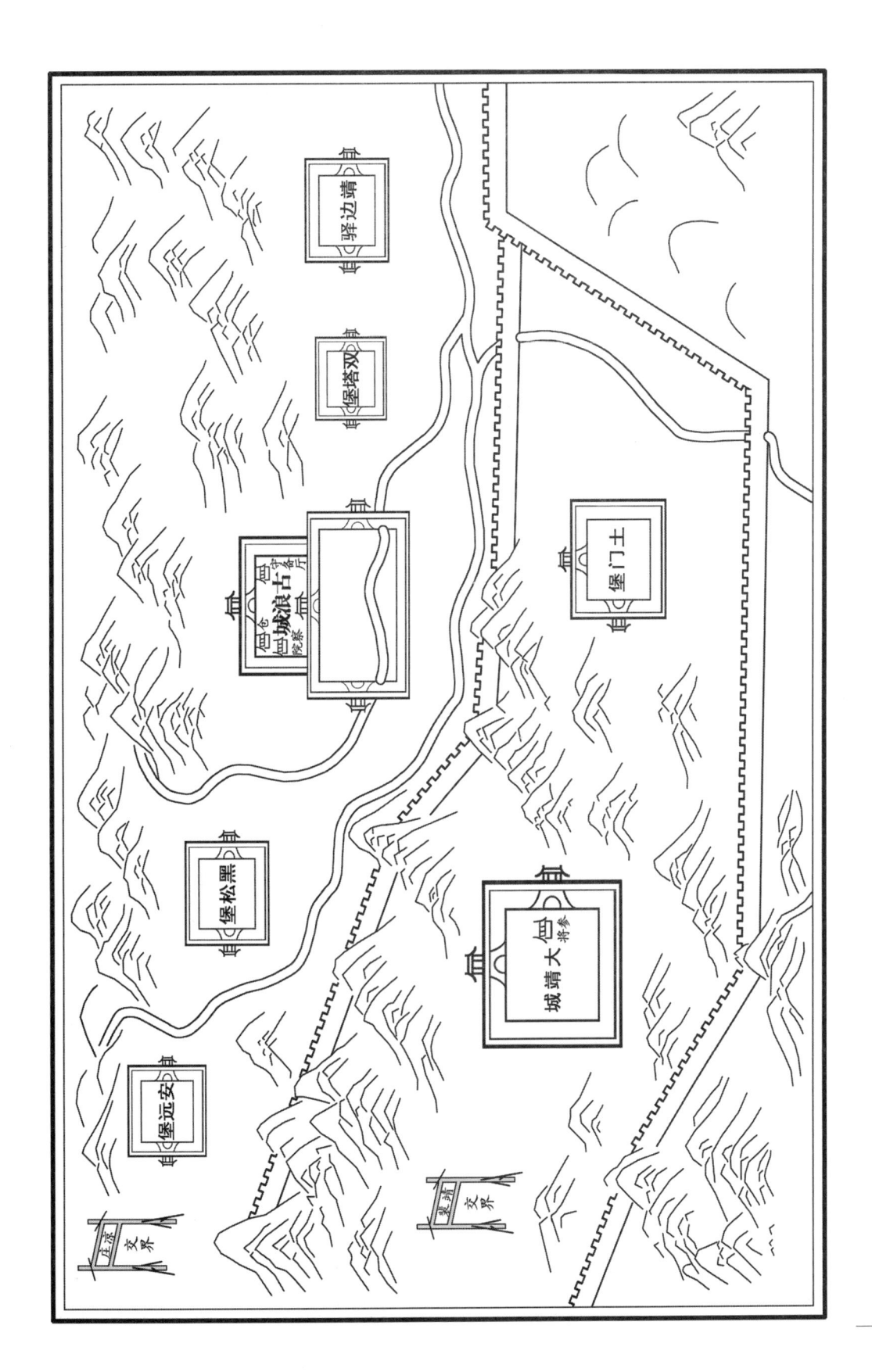

靖边驿

双塔堡

古浪城 参将 守备 察院

土门堡

黑松堡

大靖城 参将

安远堡

凉庄交界

凉新交界

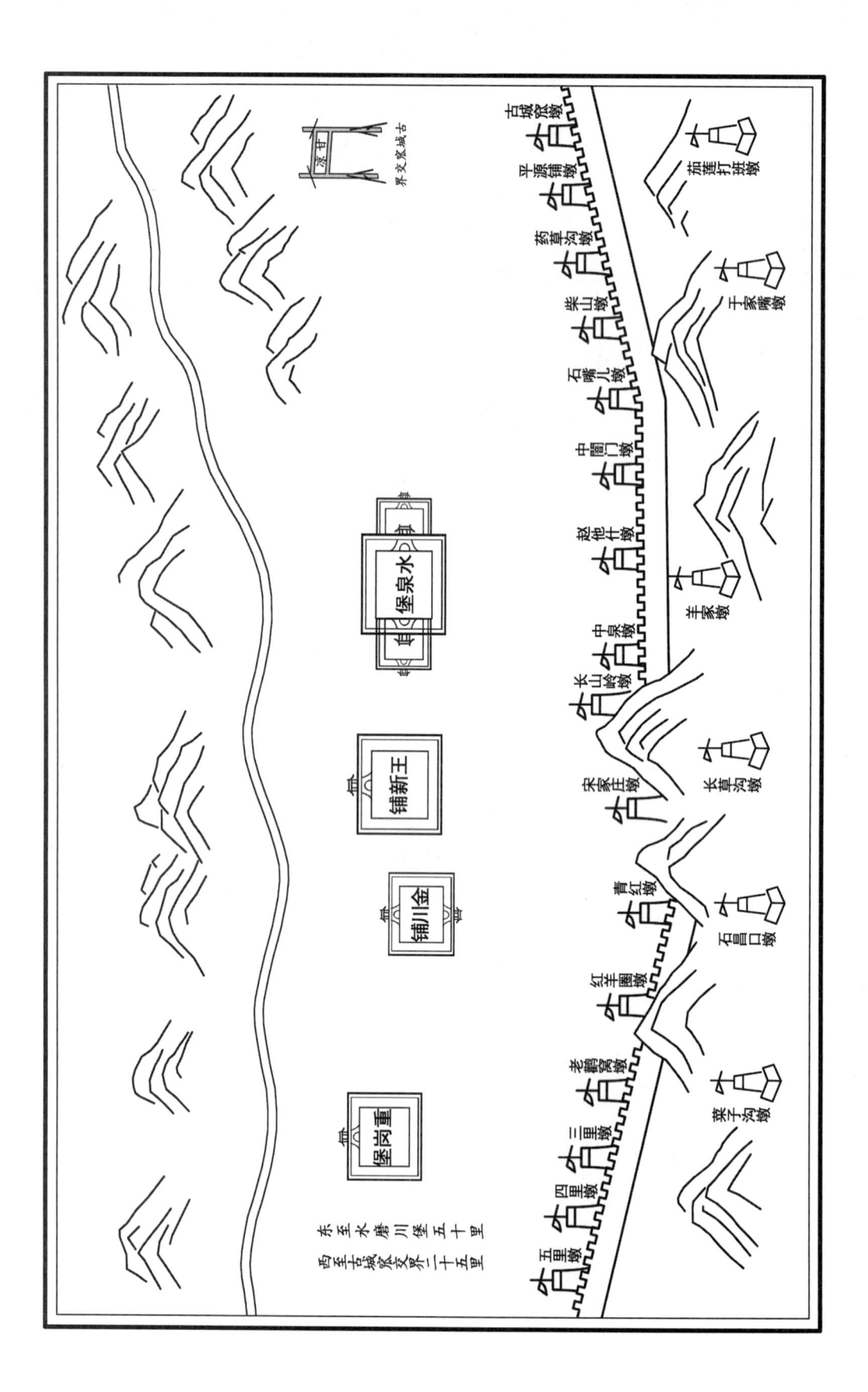

地图：

凉甘
界交凉甘古

古城咸墩
平源铺墩
药草沟墩
柴山嘴墩
石嘴儿墩
中闸门墩
赵他什墩
中泉墩
长岭山墩
宋家庄墩
红羊圈墩
青红墩
老鹳窝墩
三里墩
四里墩
五里墩

茄莲打班墩
于家嘴墩
羊家墩
长草沟墩
石昌口墩
菜子沟墩

水泉堡
王新铺
金川铺
重冈堡

东至水磨川堡五十里
西至古城凉交界二十五里

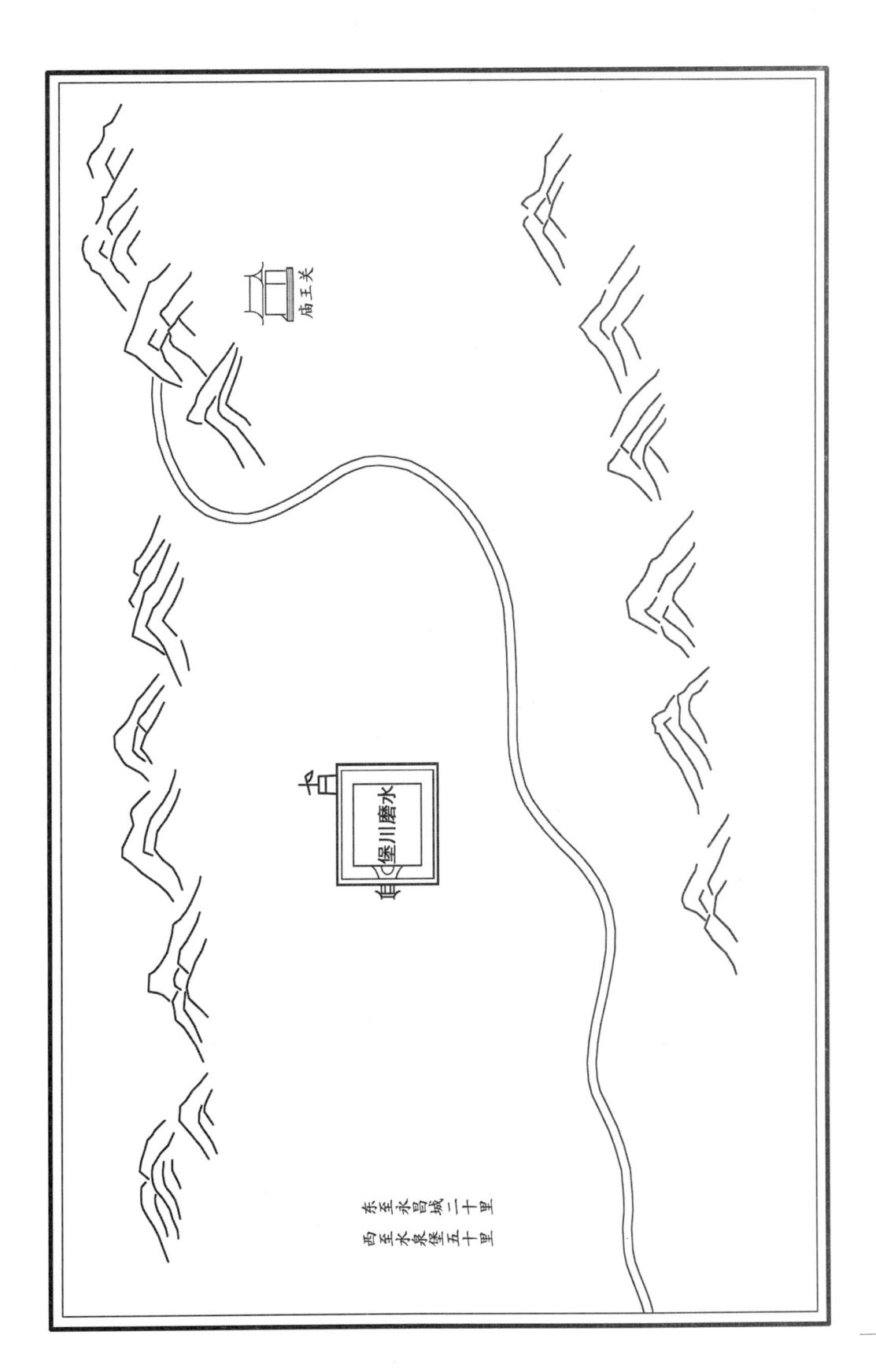

廟王夫

堡川磨水

東至永昌城三十里
西至水泉堡五十里

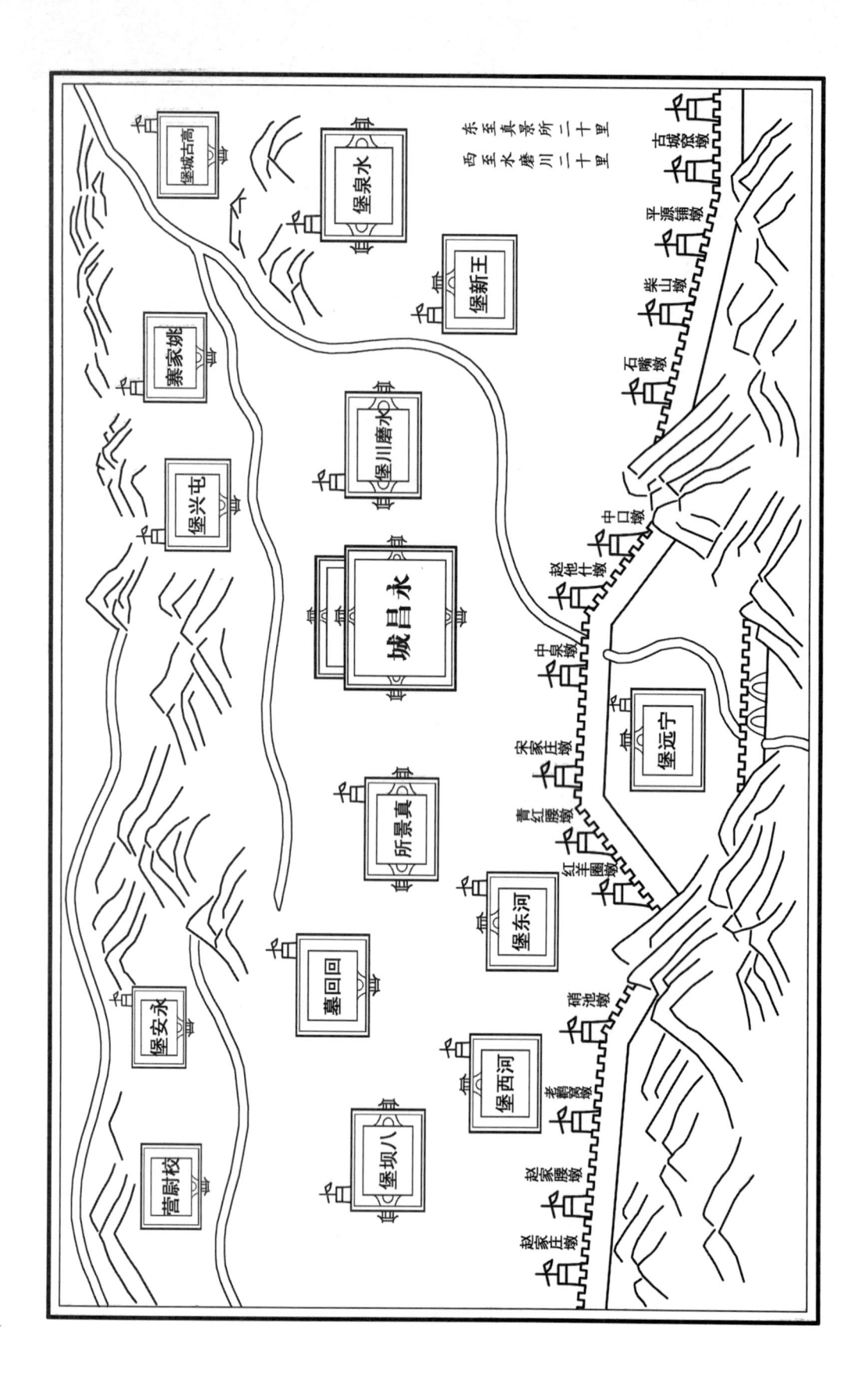

东至真景所三十里
西至水磨川三十里

永昌城

水磨川堡
王新堡
水泉堡
高古城堡
姚家寨
兴屯堡
真景所
河东堡
回回墓
永安堡
河西堡
八坝堡
校尉营

古城墩
平源墩
柴山墩
石嘴墩
中日墩
赵他什墩
中泉墩
宋家庄墩
宁远堡
青腰墩
红丰园墩
稍池墩
老鸦墩
赵家腰墩
赵家庄墩

六

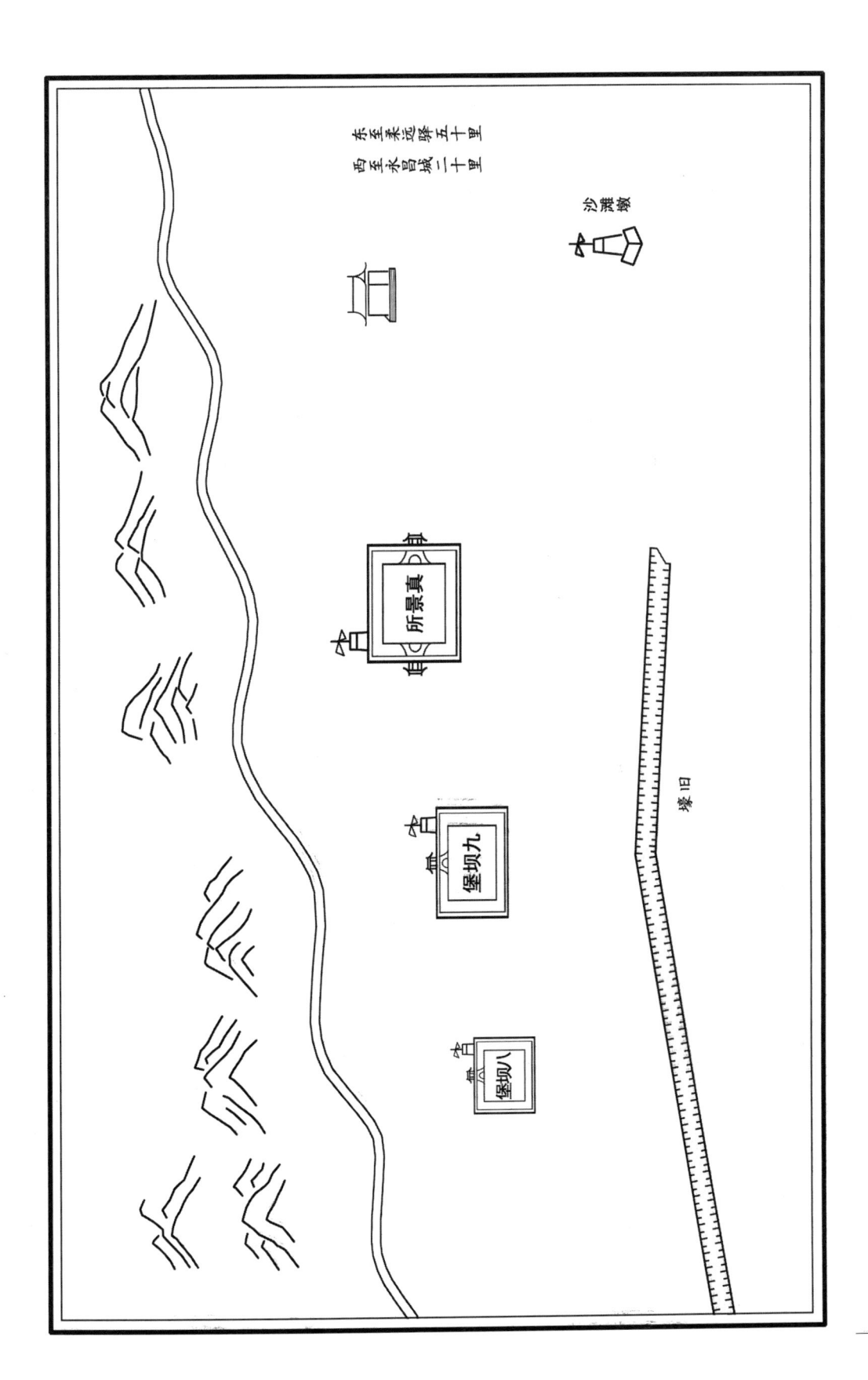

东至柔远驿五十里
西至永昌城二十里

沙滩墩

真景所

九坝堡

八坝堡

旧壕

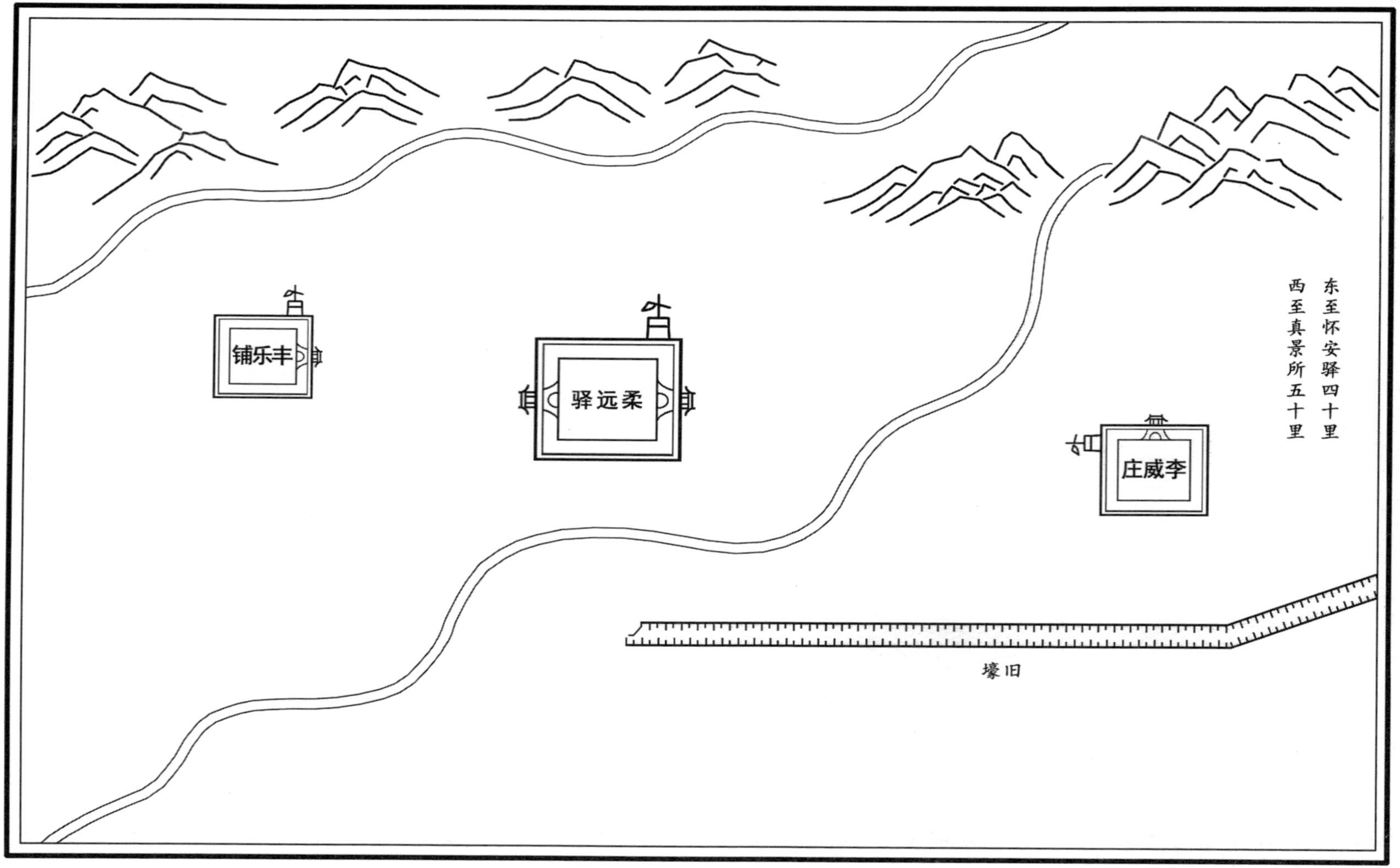

东至怀安驿四十里
西至真景所五十里

李威庄

旧堡

柔远驿

丰乐铺

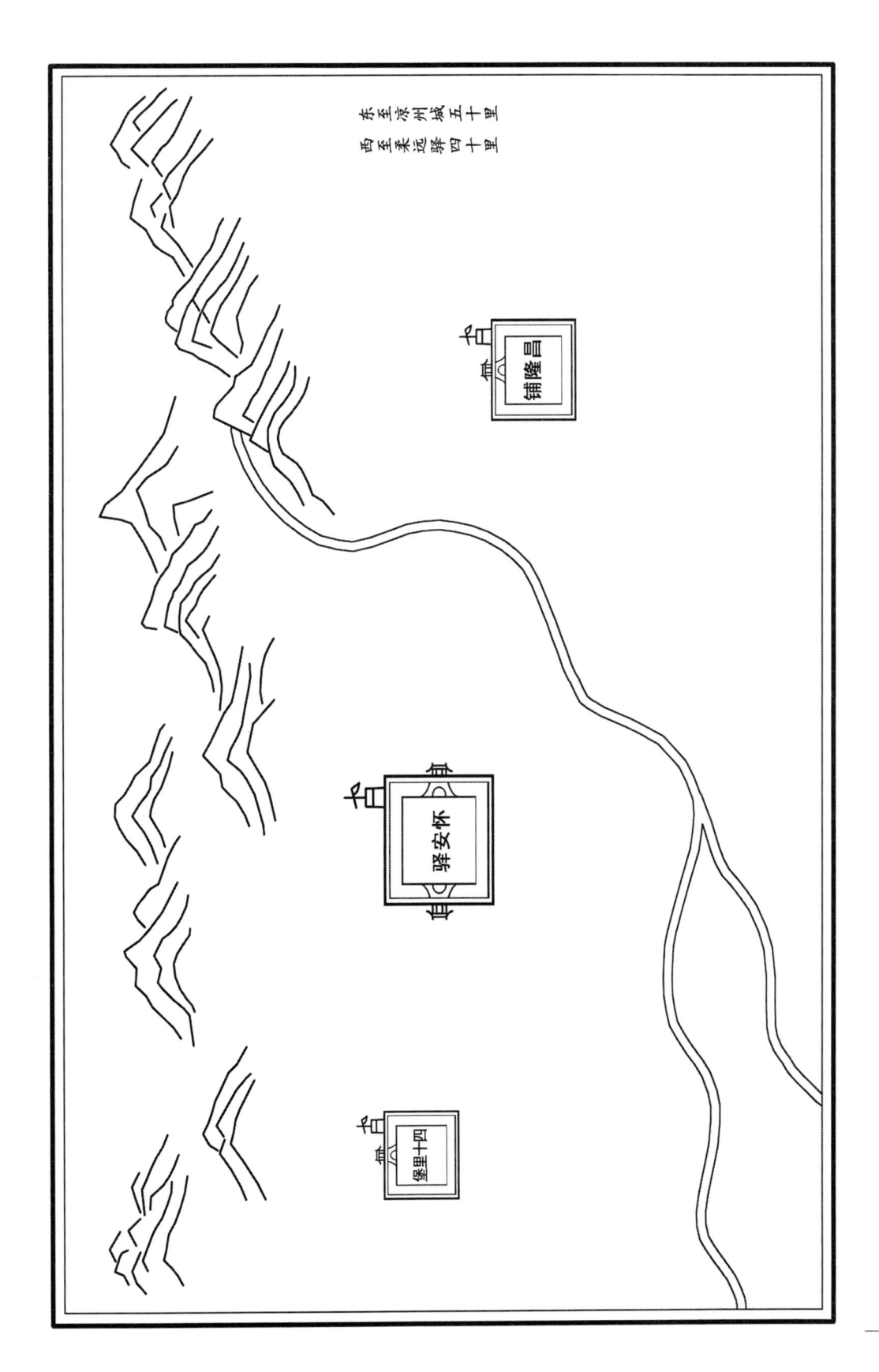

东至凉州城五十里
西至柔远驿四十里

隆昌铺

怀安驿

四十里堡

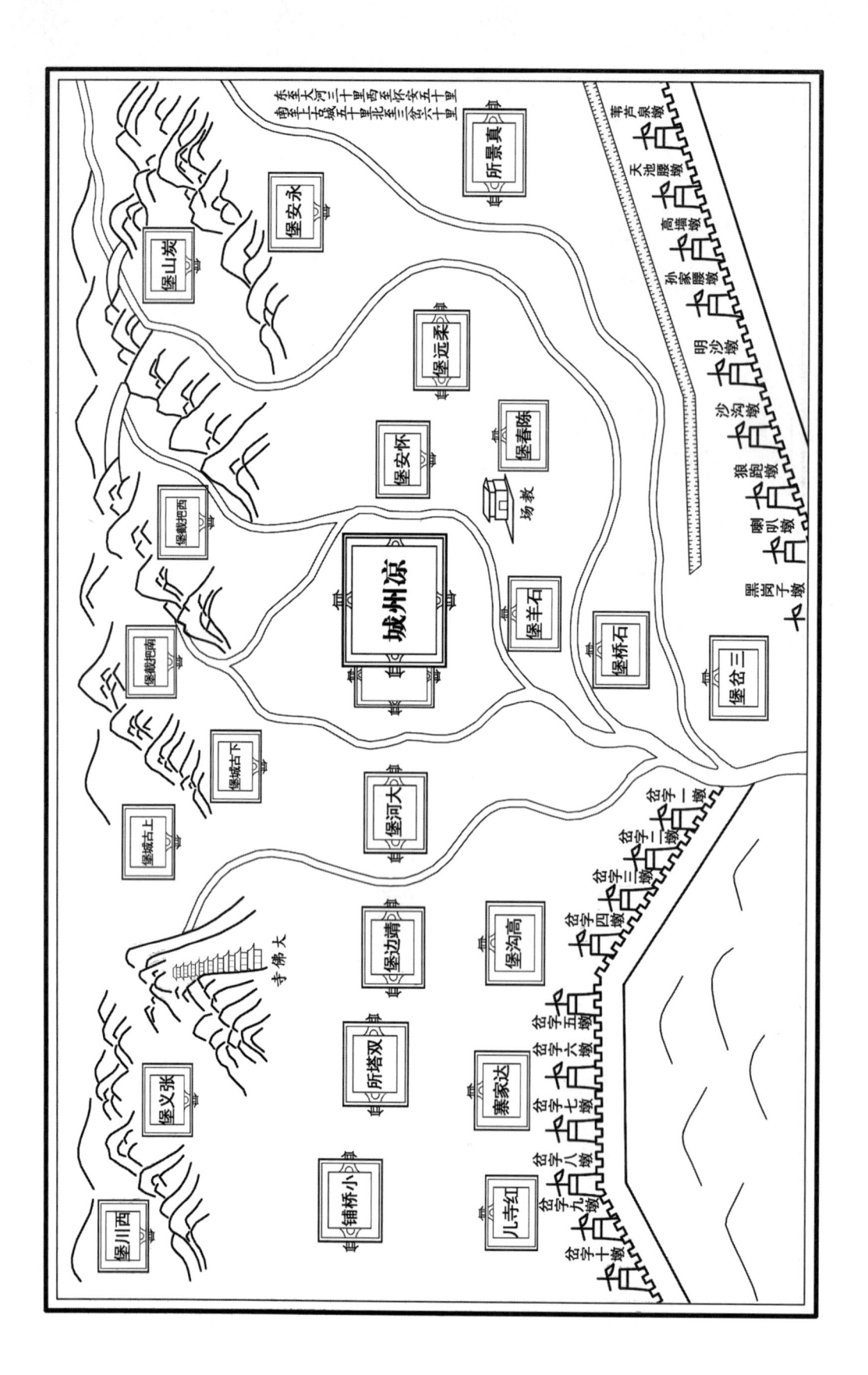

凉州城地图

东至大河三十里 西至怀安五十里
南至土城五十里 北至三岔六十里

- 真景所
- 永安堡
- 炭山堡
- 柔远堡
- 怀安堡
- 陈春堡
- 西把截堡
- 教场
- 石羊堡
- 石桥堡
- 南把截堡
- 三岔堡
- 下古城堡
- 上古城堡
- 大河堡
- 靖边堡
- 高沟堡
- 大佛寺
- 双塔所
- 达家寨
- 张义堡
- 小桥铺
- 红寺儿
- 西川堡

- 苇泉墩
- 天池墩
- 高墙墩
- 孙家腰墩
- 明沙墩
- 沙沟墩
- 狼跑墩
- 喇叭墩
- 黑岗子墩
- 岔字一墩
- 岔字二墩
- 岔字三墩
- 岔字四墩
- 岔字五墩
- 岔字六墩
- 岔字七墩
- 岔字八墩
- 岔字九墩
- 岔字十墩

一〇

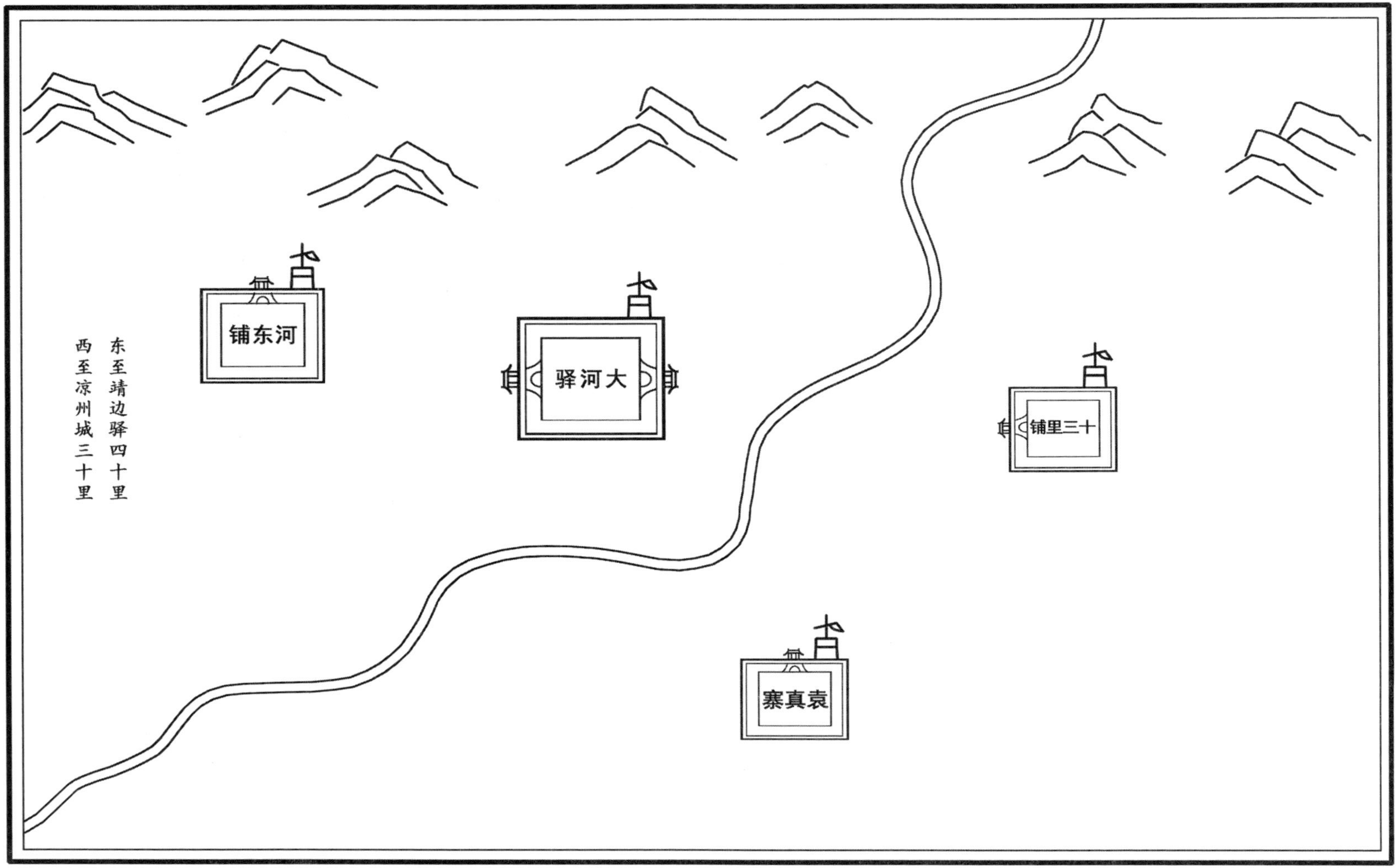

铺里三十

寨真袁

大河驿

河东铺

东至靖边驿四十里
西至凉州城三十里

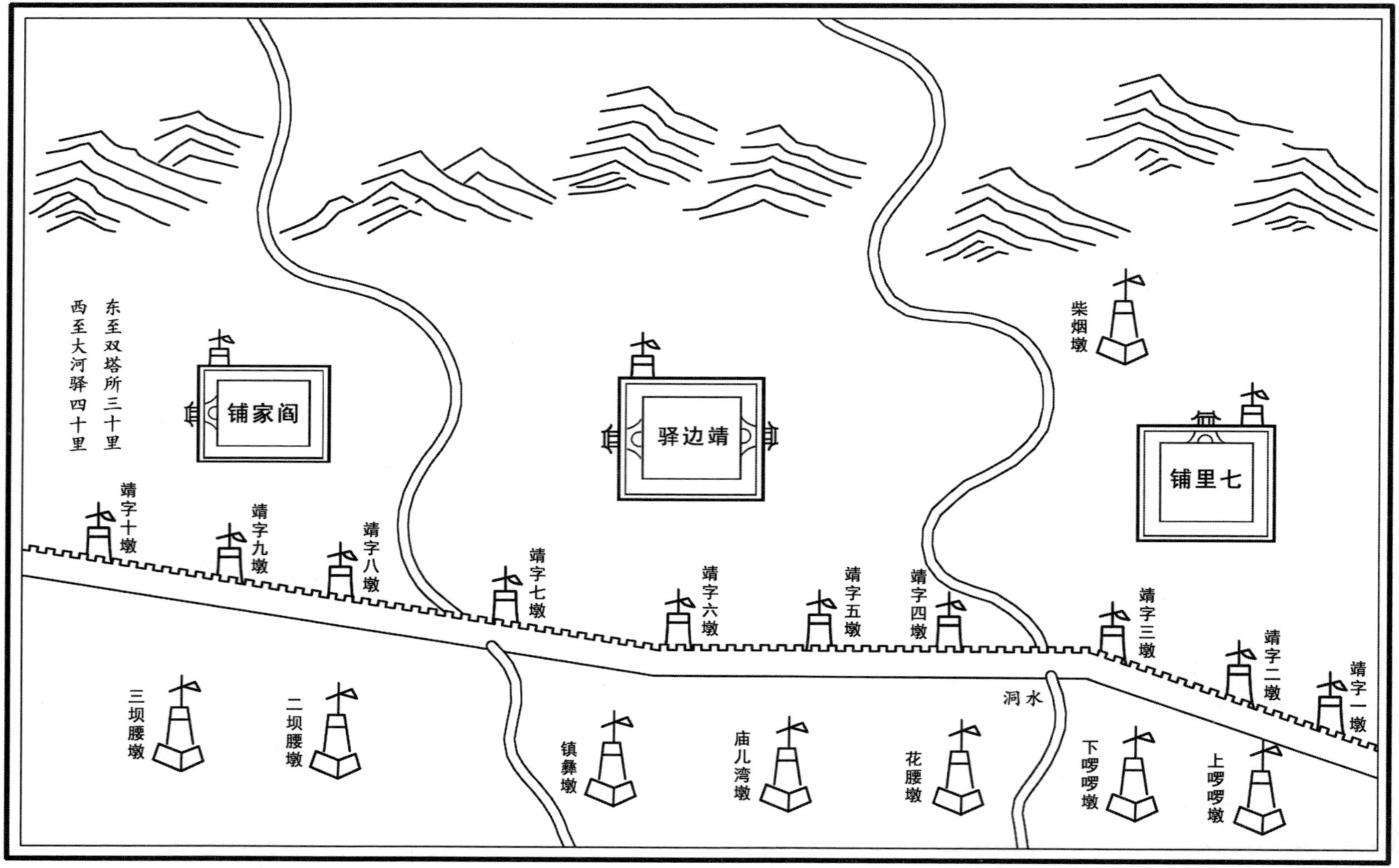

靖边驿

靖字一墩
靖字二墩
靖字三墩
靖字四墩
靖字五墩
靖字六墩
靖字七墩
靖字八墩
靖字九墩
靖字十墩

上啰墩
下啰墩
花腰墩
南儿湾墩
镇彝墩
三坝腰墩
三坝腰墩

七里铺
柴烟墩
阎家铺

洞水

东至双塔所三十里
西至大河驿四十里

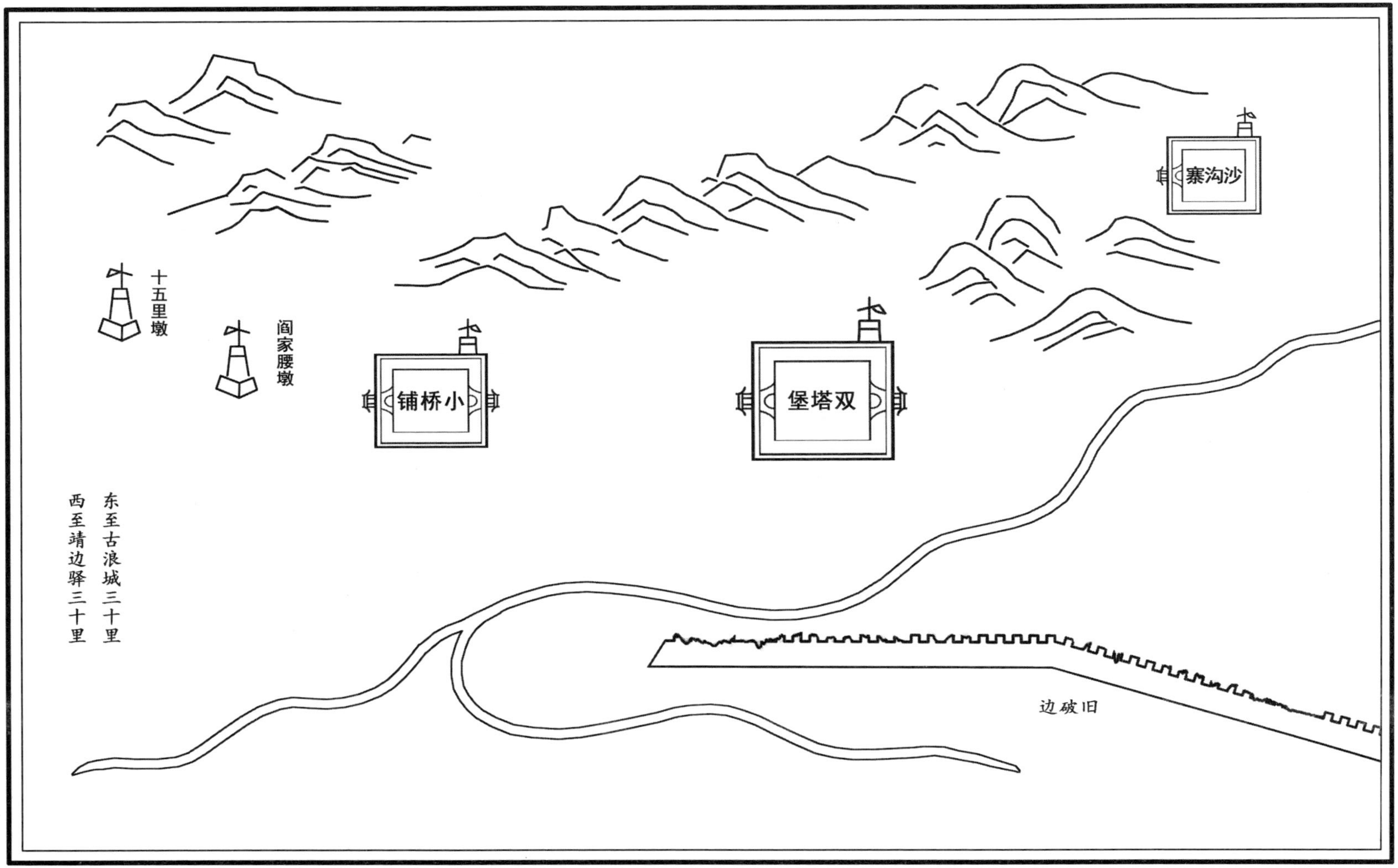

寨沟沙

堡塔双

铺桥小

阎家腰墩

十五里墩

东至古浪城三十里
西至靖边驿三十里

旧边墙

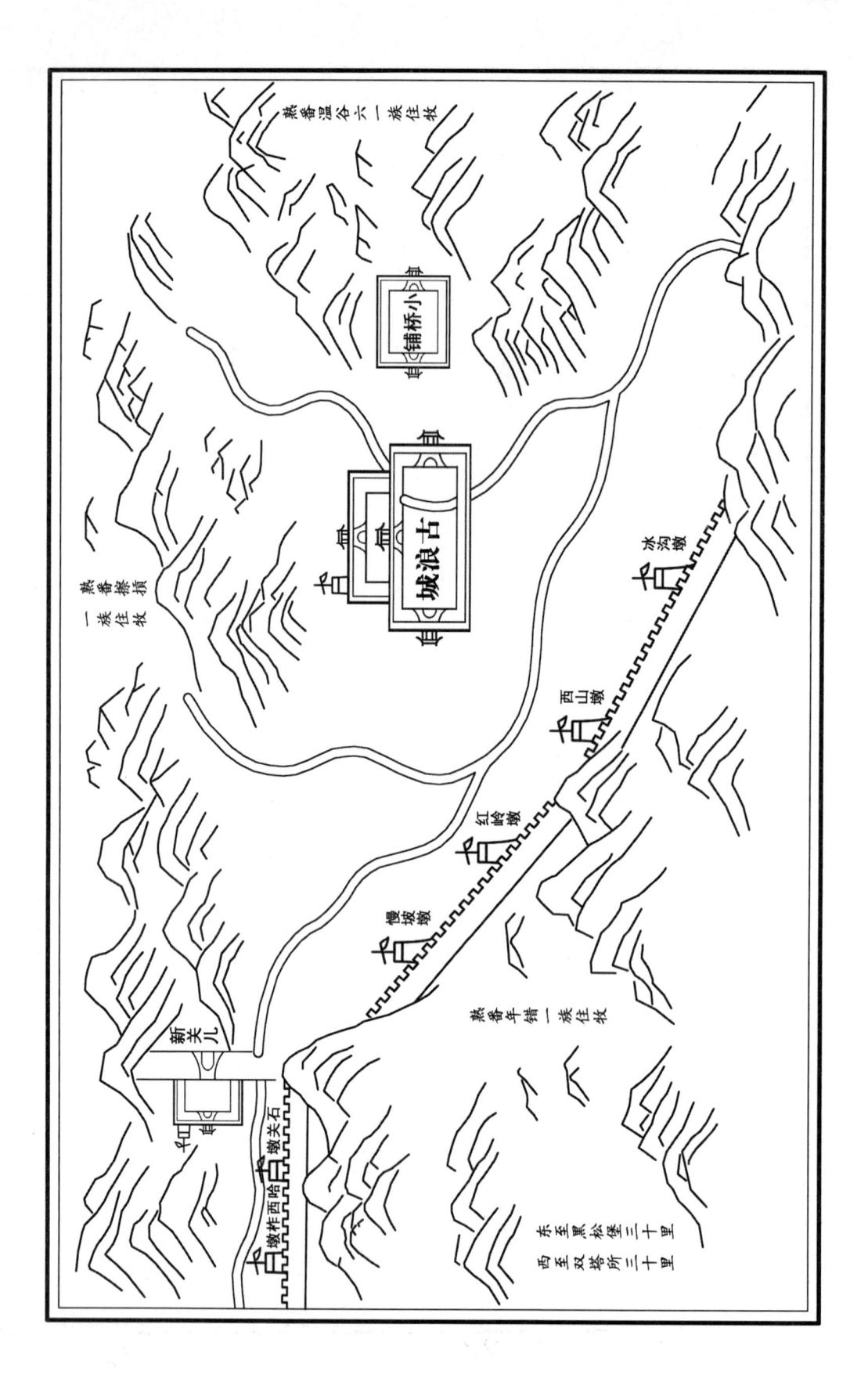

古浪城

小桥铺

熟番温谷六族住牧

熟番擦损二族住牧

冰沟墩

西山墩

红岭墩

慢坡墩

熟番牢错二族住牧

新关儿

石关哈炸西哈墩

东至黑松堡三十里
西至双塔所三十里

一四

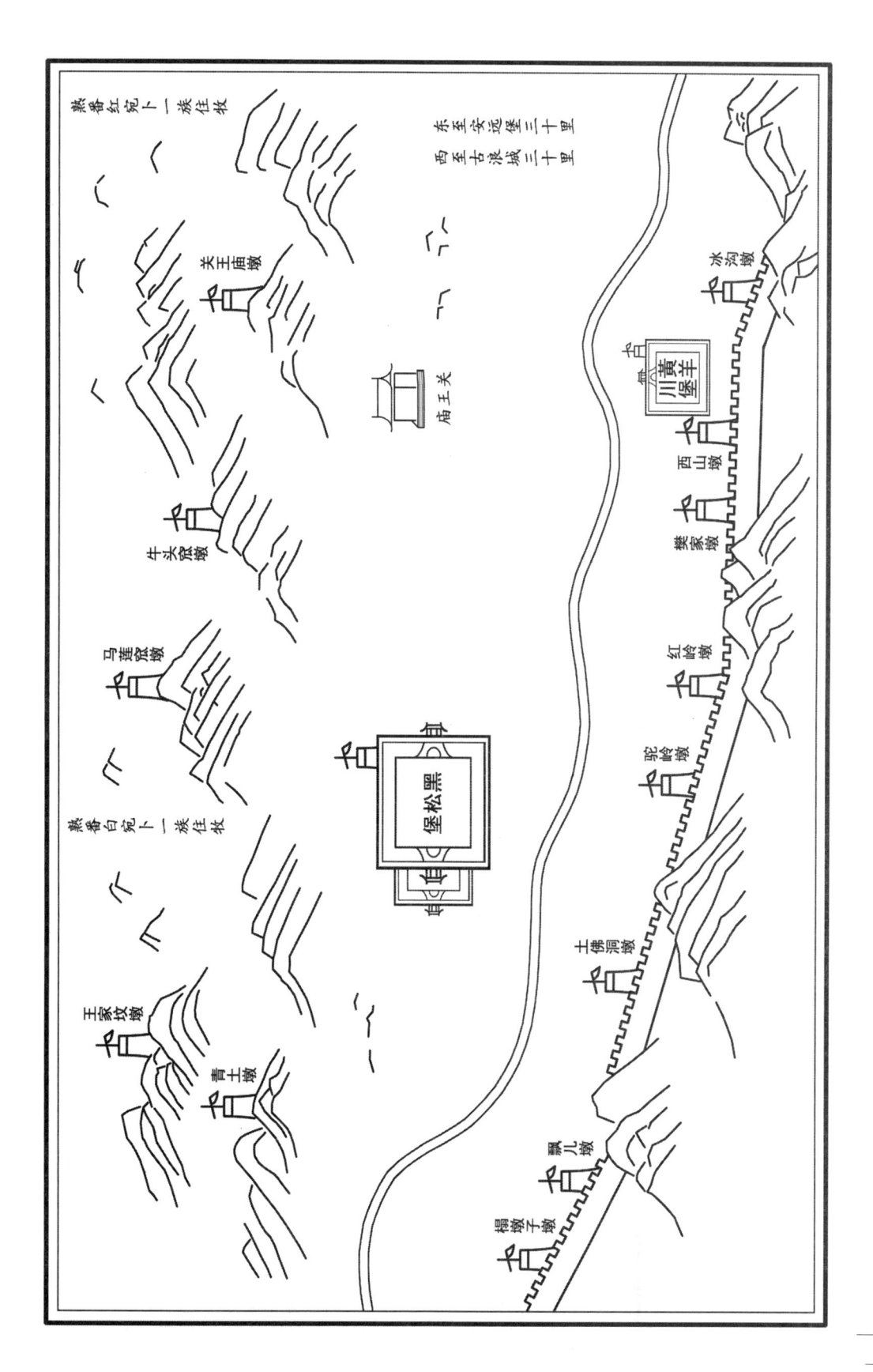

熟番红宛卜一族住牧

东至安远堡三十里
西至古浪城三十里

关王庙墩
关王庙
牛头崾墩
马莲崾墩
熟番白宛卜一族住牧
黑松堡
王家坟墩
青土墩
榻墩子墩
瓢儿墩

冰沟墩
古川黄羊堡
西山墩
樊家墩
红岭墩
驼岭墩
土佛洞墩

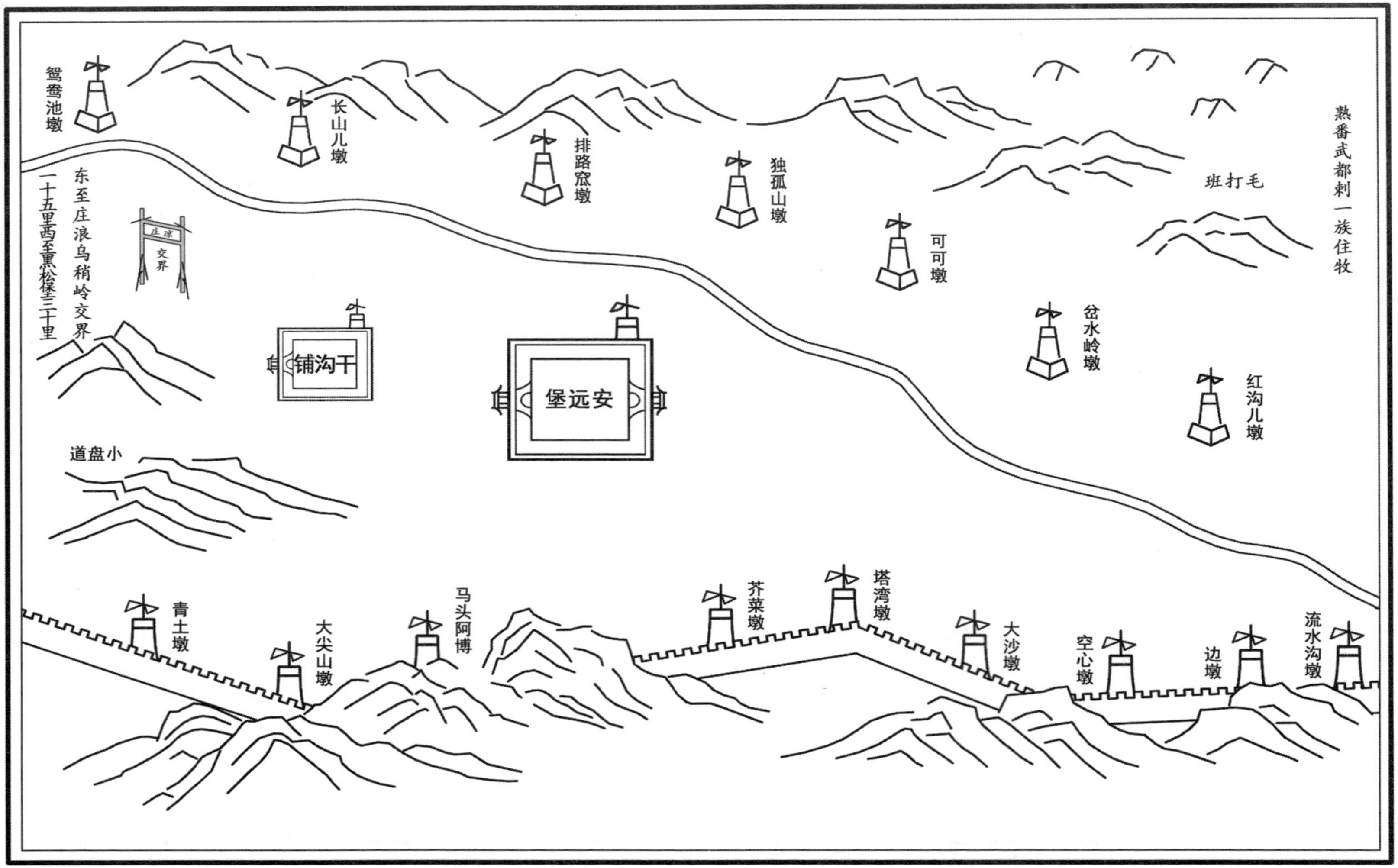
鸳鸯池墩
长山儿墩
排路窟墩
独孤山墩
可可墩
岔水岭墩
红沟儿墩
班打毛
熟番武都刺一族住牧
东至庄浪乌稍岭交界一十五里西至黑松堡三十里
庄凉
交界
铺沟干
堡远安
道盘小
青土墩
大尖山墩
马头阿博
芥菜墩
塔湾墩
大沙墩
空心墩
边墩
流水沟墩

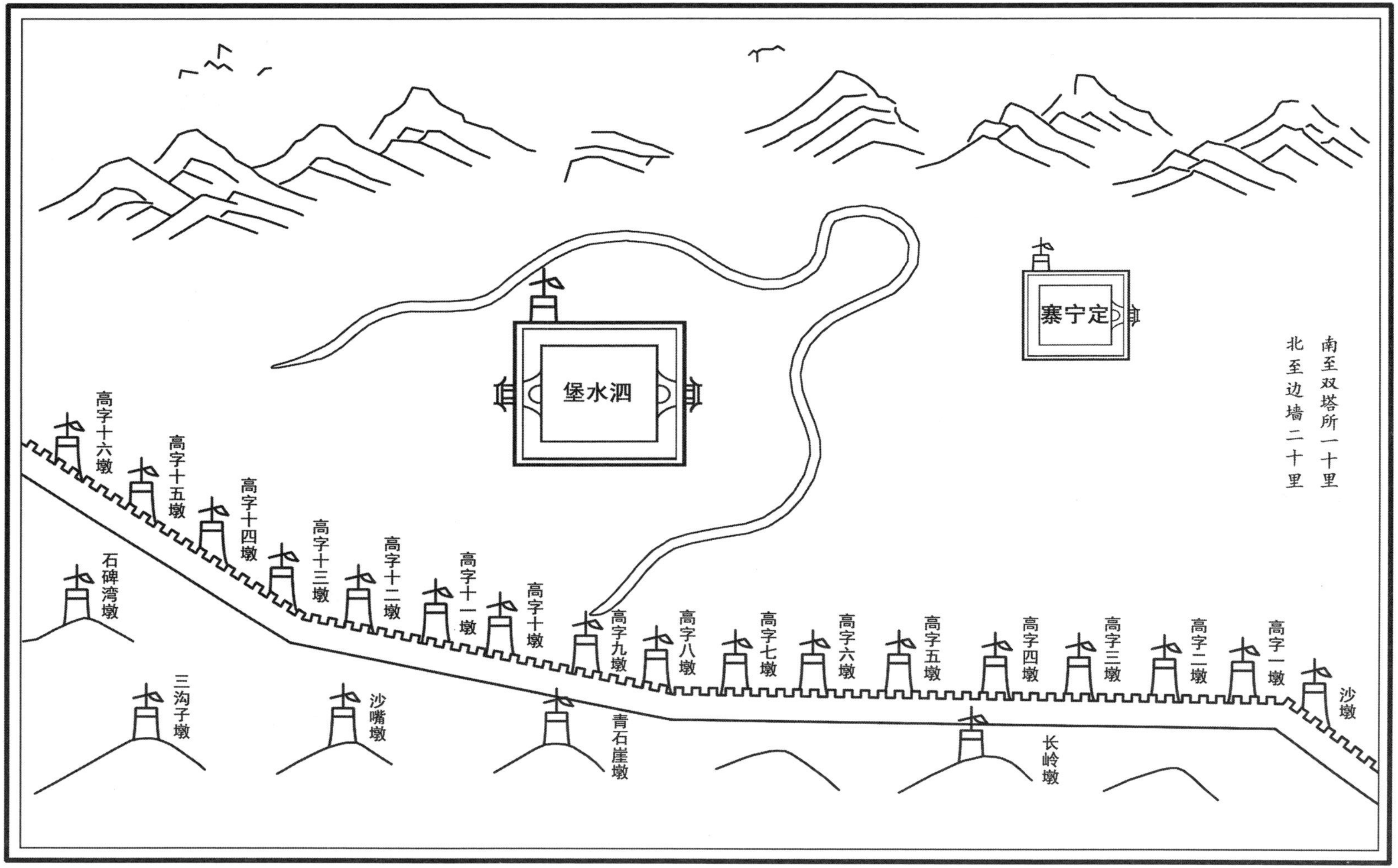

南至双塔所二十里
北至边墙二十里

寨宁定

泗水堡

高字一墩
高字二墩
高字三墩
高字四墩
高字五墩
高字六墩
高字七墩
高字八墩
高字九墩
高字十墩
高字十一墩
高字十二墩
高字十三墩
高字十四墩
高字十五墩
高字十六墩

沙墩
长岭墩
青石崖墩
沙嘴墩
三沟子墩
石碑湾墩

一七

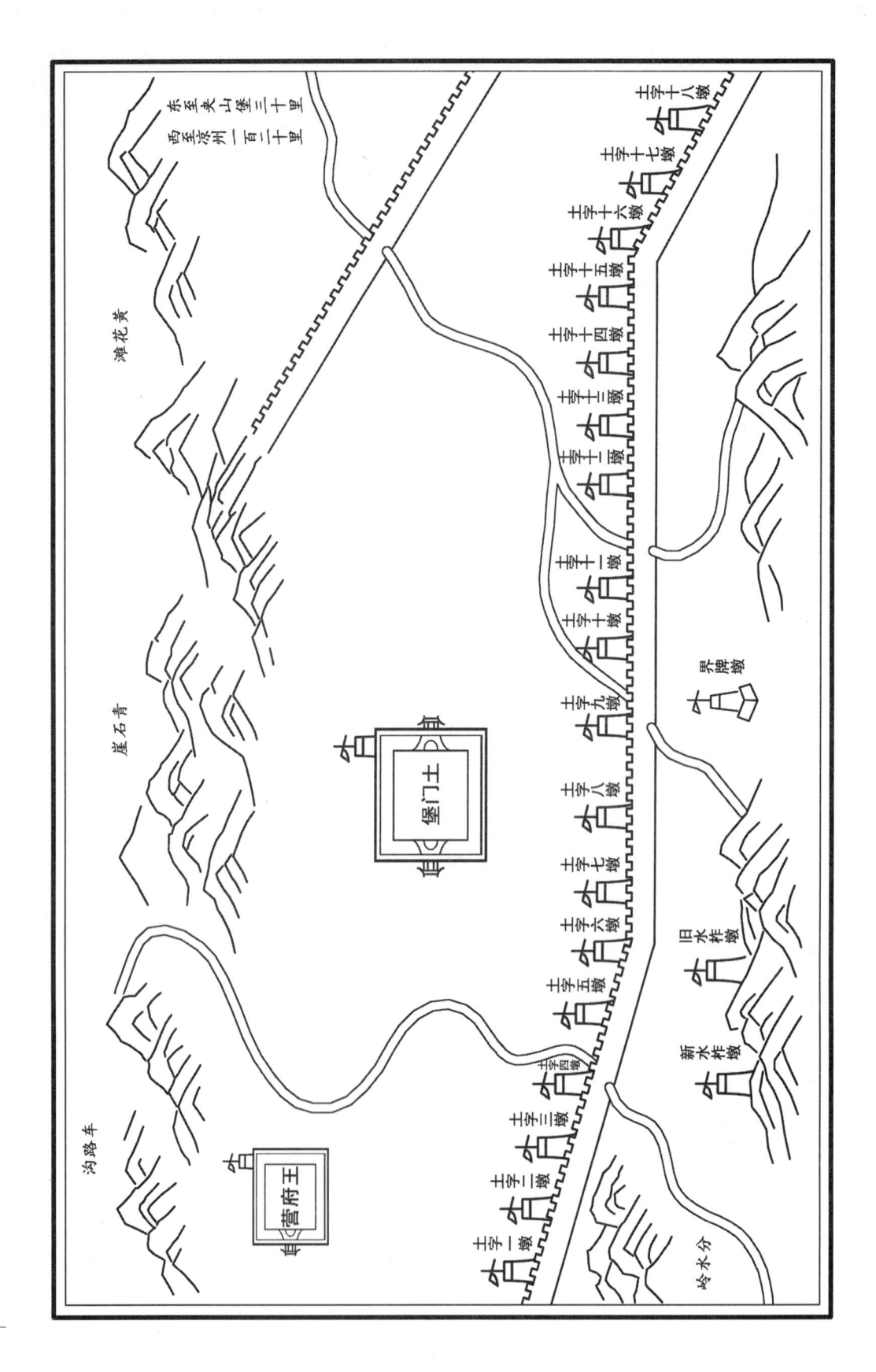

东至夹山堡三十里
西至凉州一百三十里

黄花滩

青石崖

车路沟

王府营

土门堡

土字一墩
土字二墩
土字三墩
土字四墩
土字五墩
土字六墩
土字七墩
土字八墩
土字九墩
土字十墩
土字十一墩
土字十二墩
土字十三墩
土字十四墩
土字十五墩
土字十六墩
土字十七墩
土字十八墩

界牌墩
旧水柞墩
新水柞墩
分水岭

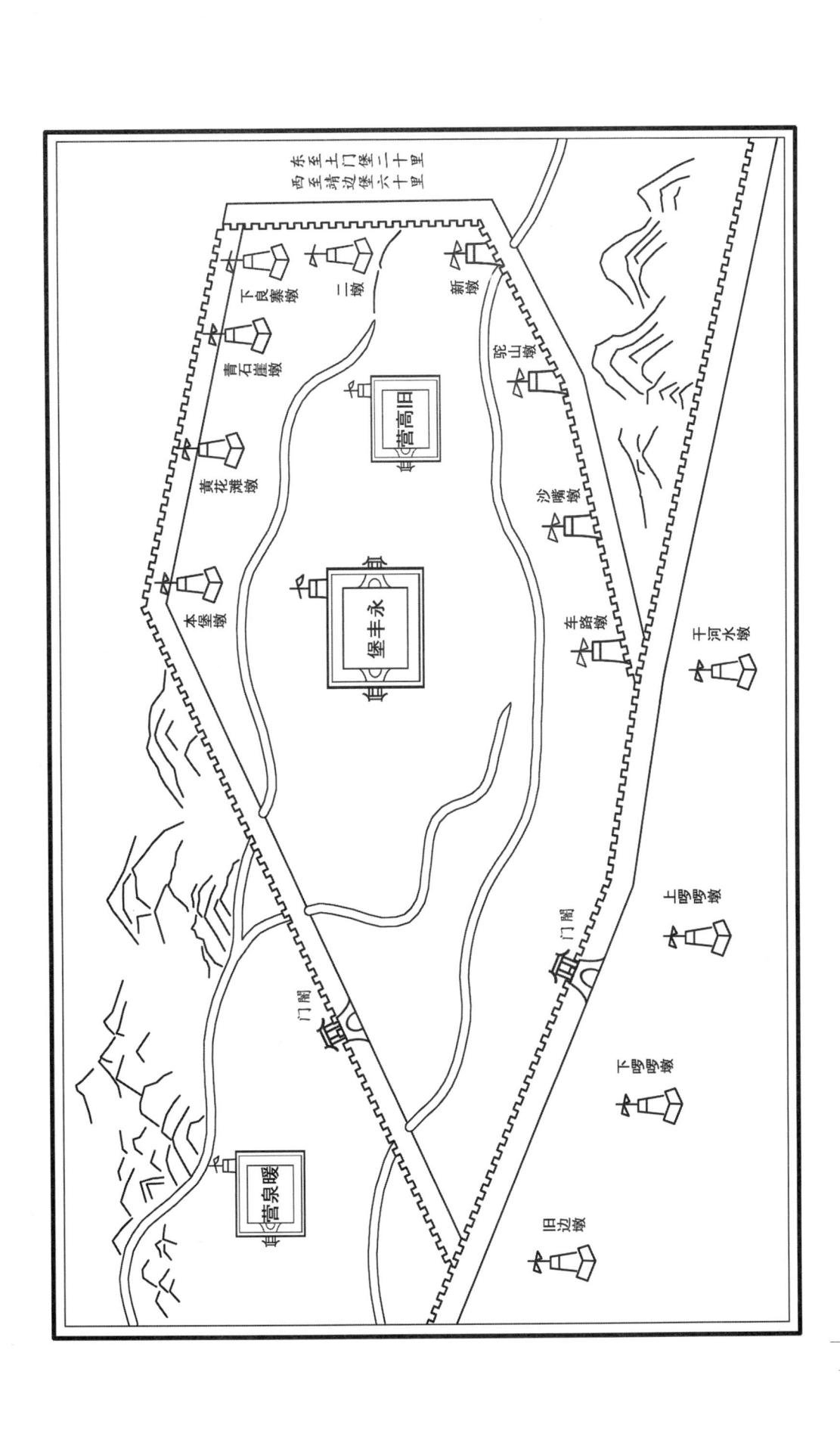

东至土门堡三十里
西至靖边堡六十里

下良寨墩　二墩　新墩
青石崖墩　　　驼山墩
黄花滩墩　旧高营
　　　　　沙嘴墩
本堡墩　永丰堡　车路墩
　　　　　　　　干河水墩
　　　　　　闸门
　　闸门　　　上啰墩
暖泉营　　　下啰墩
　　　　　　旧边墩

一九

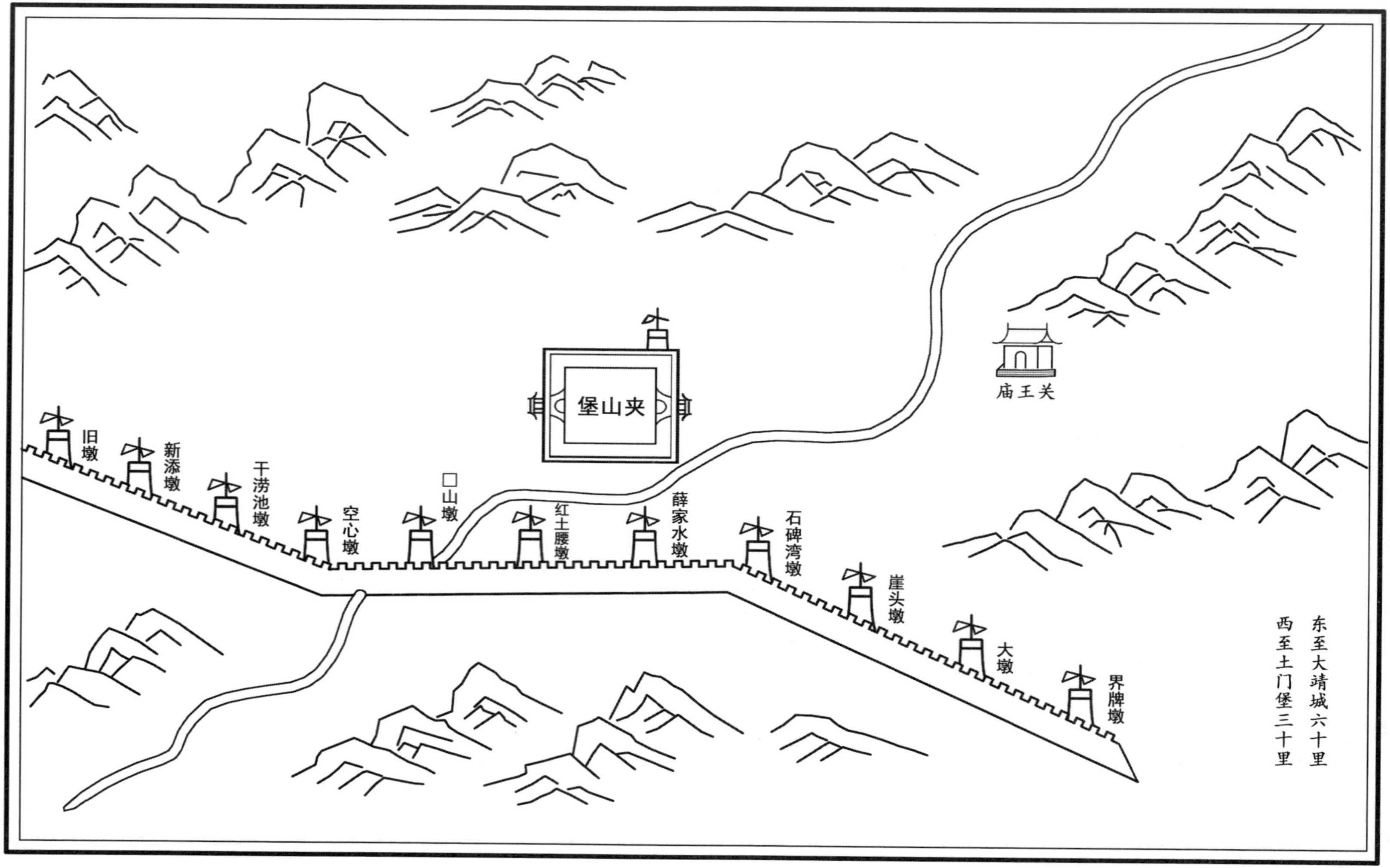

东至大靖城六十里
西至土门堡三十里

庙王关

界牌墩
大墩
崖头墩
石碑湾墩
薛家水墩
红土腰墩
夹山堡
山墩
空心墩
干涝池墩
新添墩
旧墩

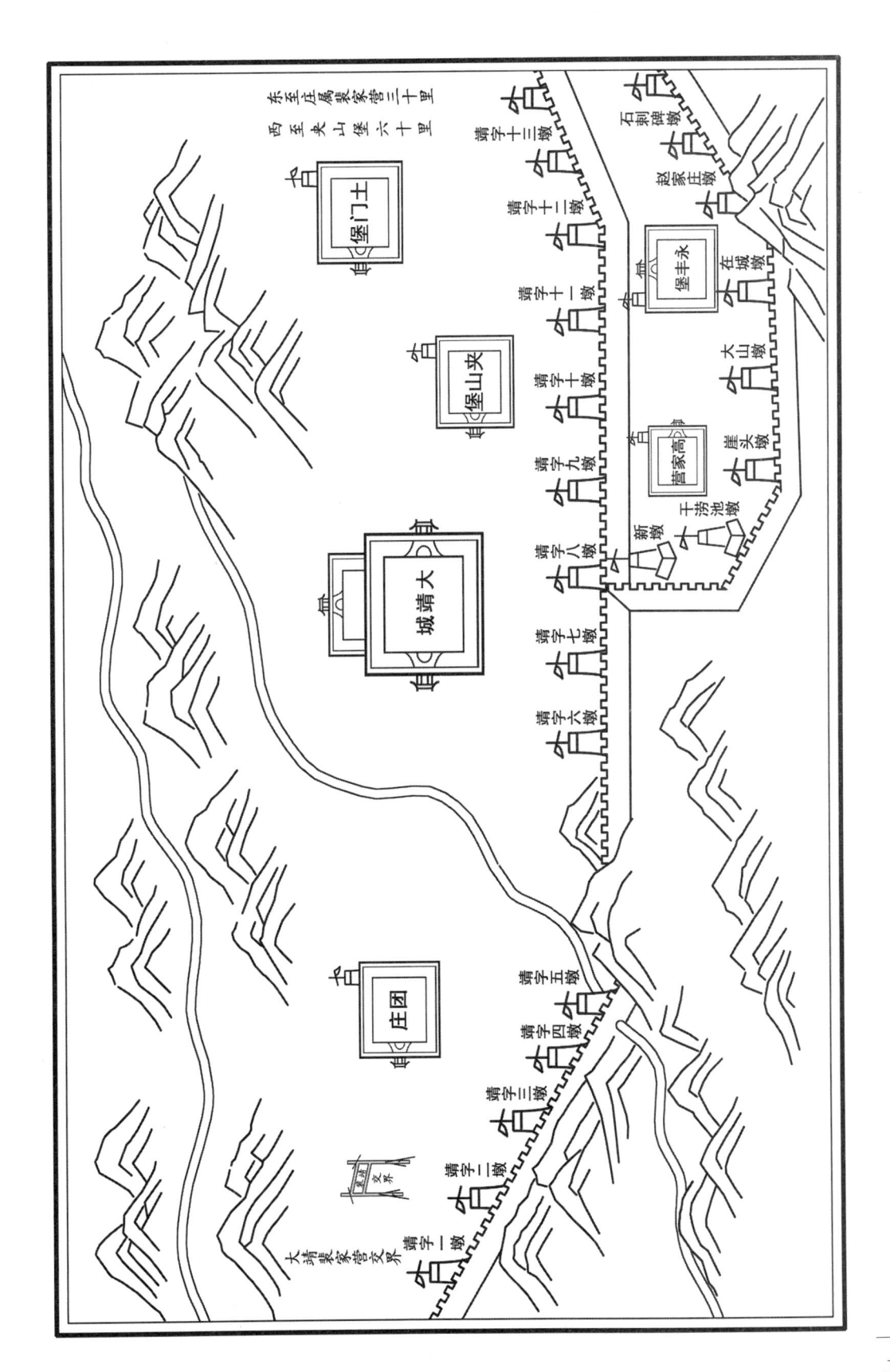

地图：

东至庄窝裴家营三十里
西至夹山堡六十里

靖字十三墩
靖字十二墩
靖字十一墩
靖字十墩
靖字九墩
靖字八墩
靖字七墩
靖字六墩
靖字五墩
靖字四墩
靖字三墩
靖字二墩
靖字一墩

土门堡
夹山堡
大靖城
团庄
永丰堡

石刻牌楼
赵家庄墩
在城墩
大山墩
崖头墩
营家高墩
干涝池墩
新墩

大靖裴家营交界
真武交界

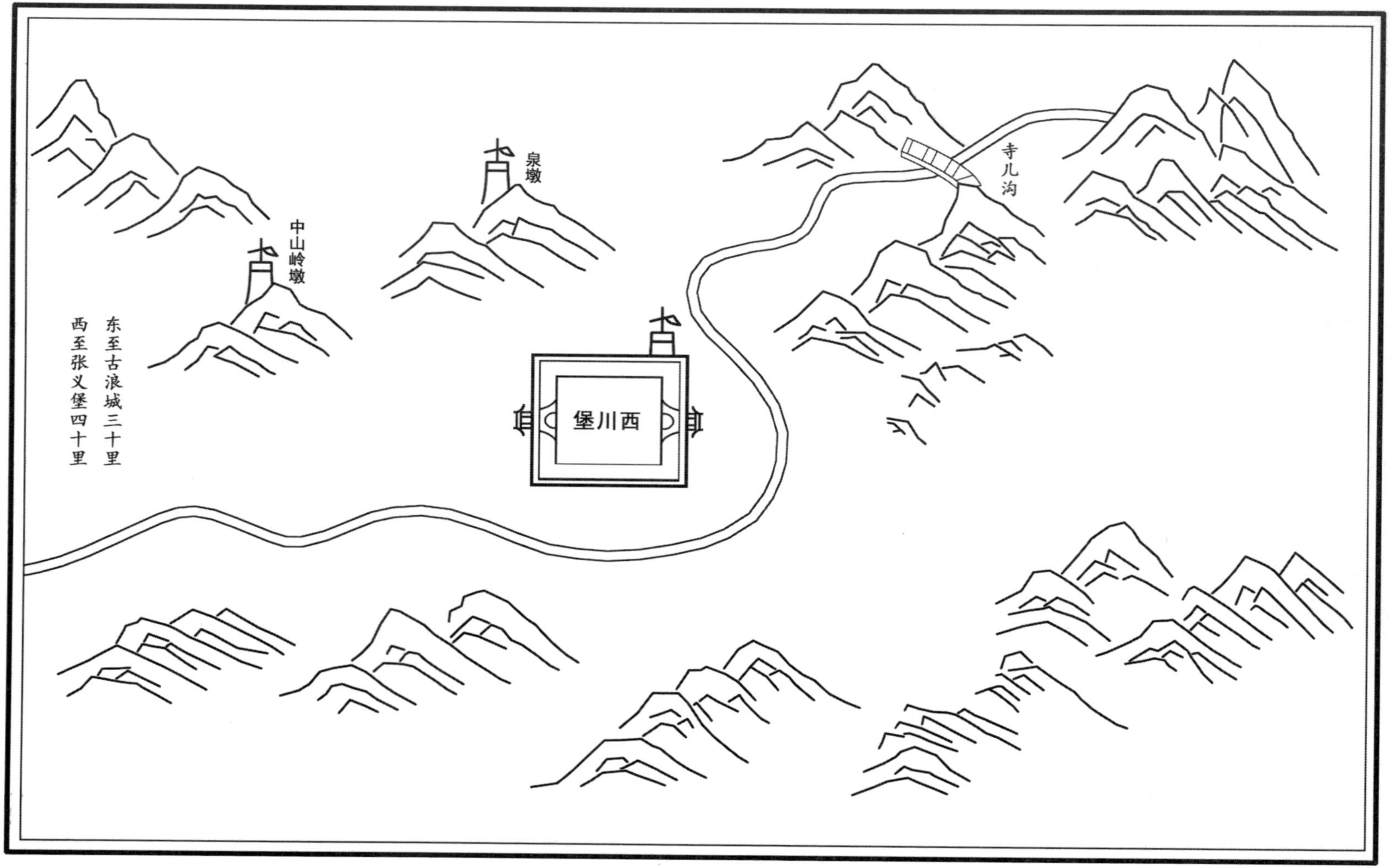

西川堡

寺儿沟

泉墩

中山岭墩

东至古浪城三十里
西至张义堡四十里

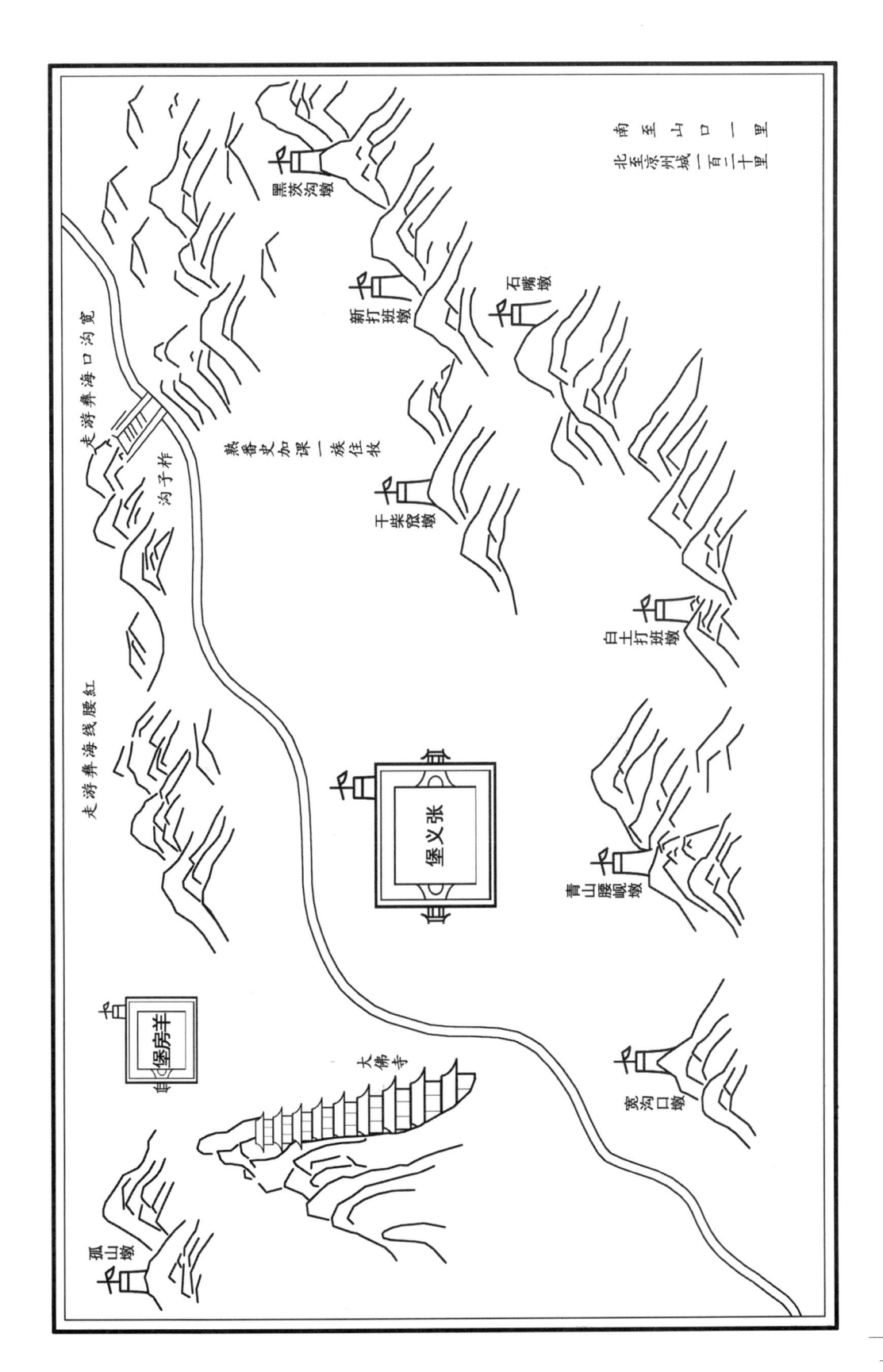

地图：

南至山口一里
北至涼州城一百二十里

黑茨沟墩
新打班墩
石嘴墩
熟番史加课一族住牧
干柴窊墩
白土打班墩
走游彝海口沟宽
沟子柈
走游彝海线腰红
张义堡
青山腰岘墩
宽沟口墩
羊房堡
大佛寺
孤山墩

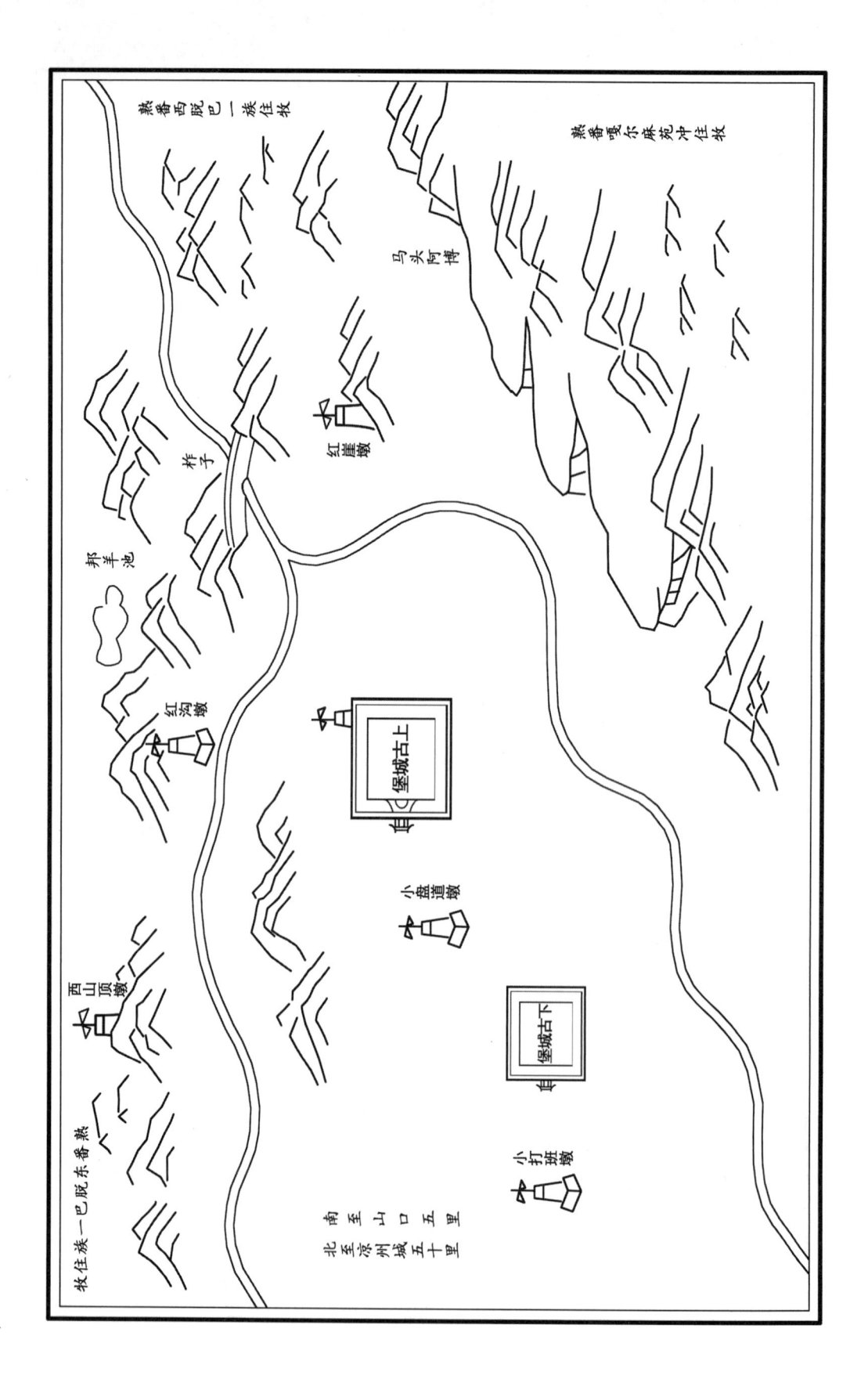

地图

熟番西肥巴一族住牧

熟番噶尔麻苑冲住牧

马头阿博

杵子

红崖墩

邦羊池

红沟墩

堡城古上

小盘道墩

西山顶墩

熟番末肥巴一族住牧

堡城古下

小打班墩

南至山口五里
北至凉州城五十里

二四

地图：

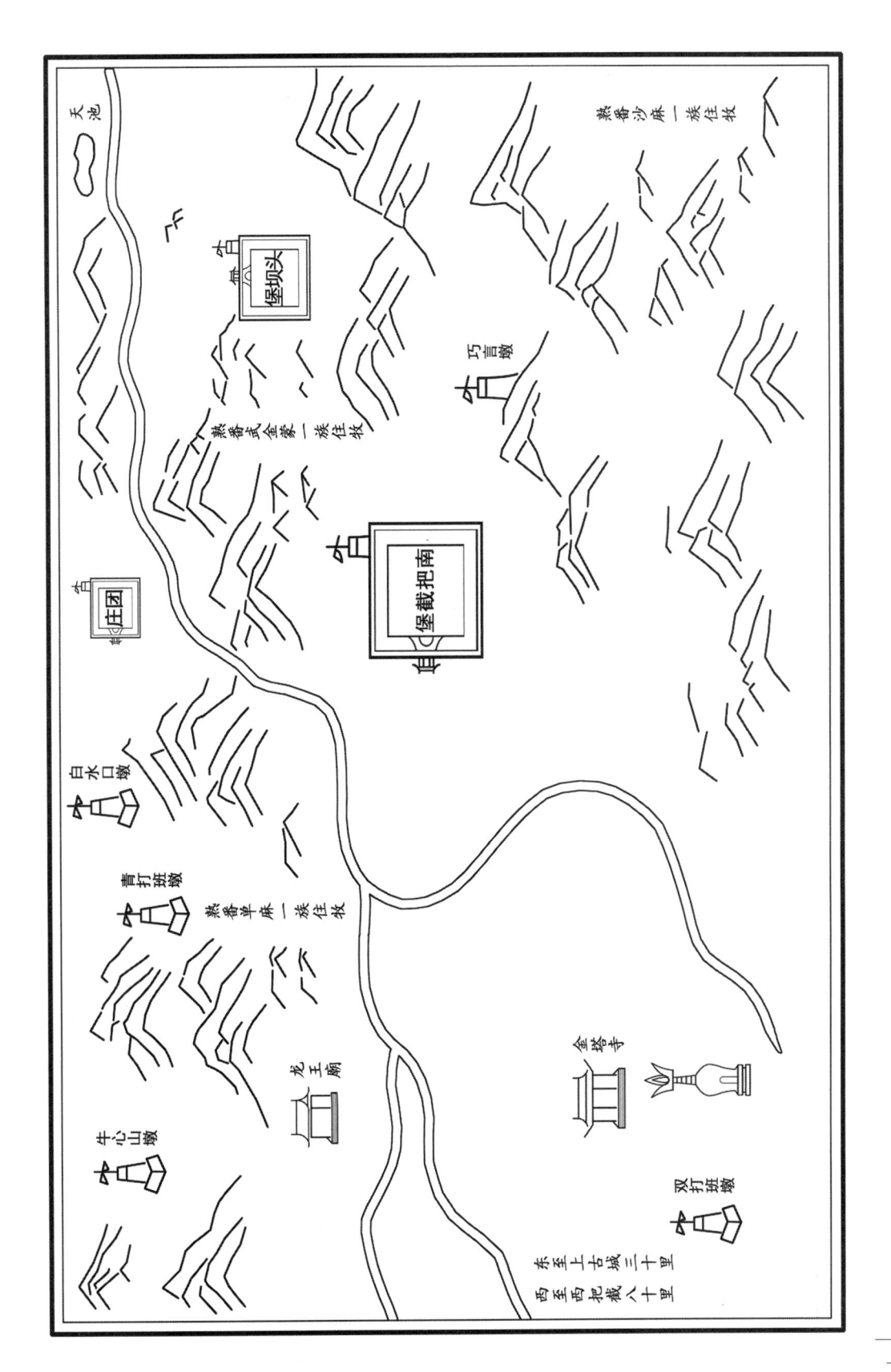

- 天池
- 堡坝头
- 熟番沙麻一族住牧
- 巧言墩
- 熟番武金蒙一族住牧
- 团庄
- 南把截堡
- 白水口墩
- 青打班墩
- 熟番革麻一族住牧
- 牛心墩
- 龙王庙
- 金塔寺
- 双打班墩
- 东至上古城三十里
- 西至西把截八十里

二五

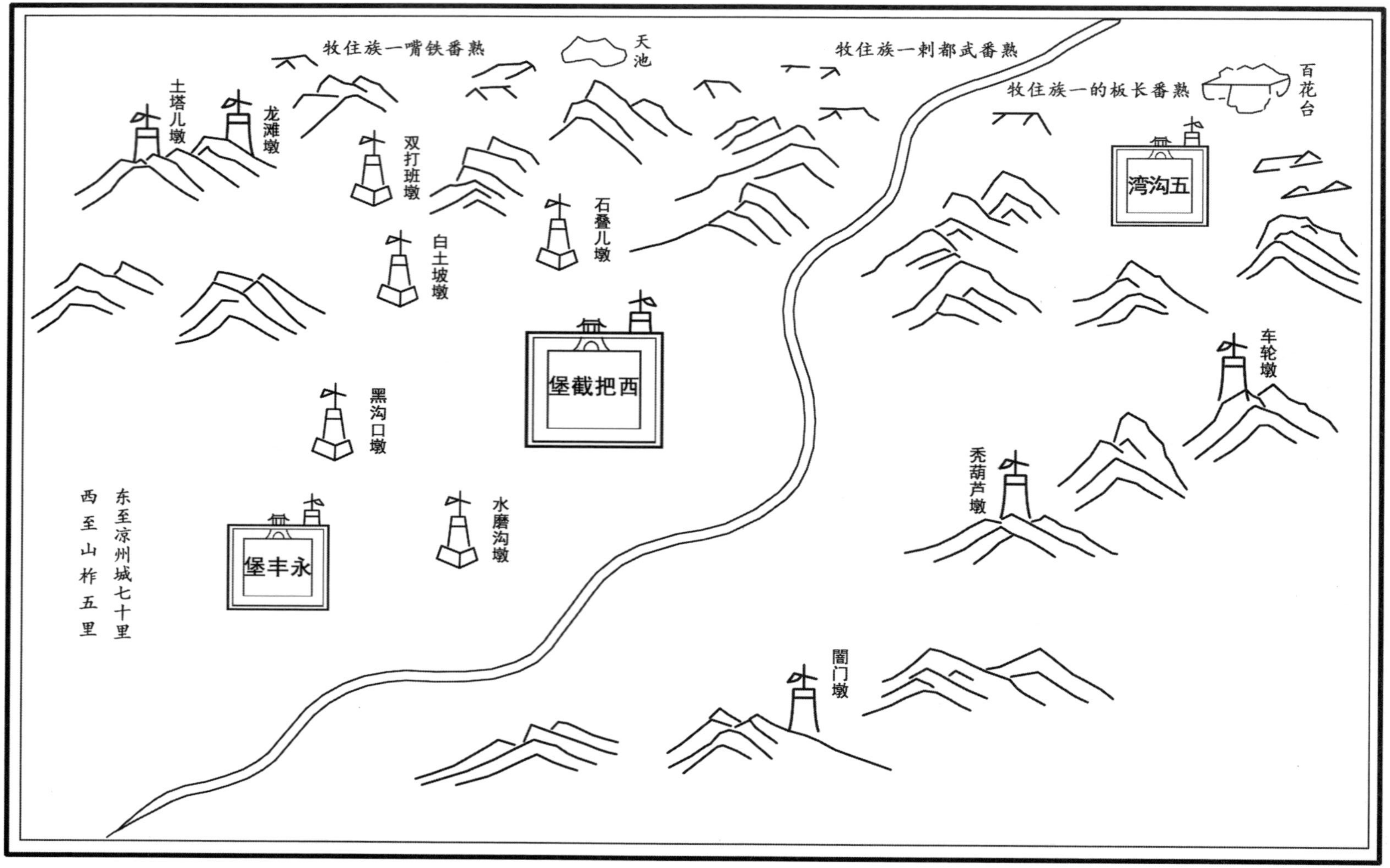

熟番长板的一族住牧　　　百花台
熟番武郁刺一族住牧
玉沟湾堡
车轮墩
禾葫芦墩
闇门墩
天池
石叠儿墩
西把截堡
熟番铁嘴一族住牧
双打班墩
白土坡墩
水磨沟墩
黑沟口墩
永丰堡
龙滩墩
土塔儿墩

东至凉州城七十里
西至山杵五里

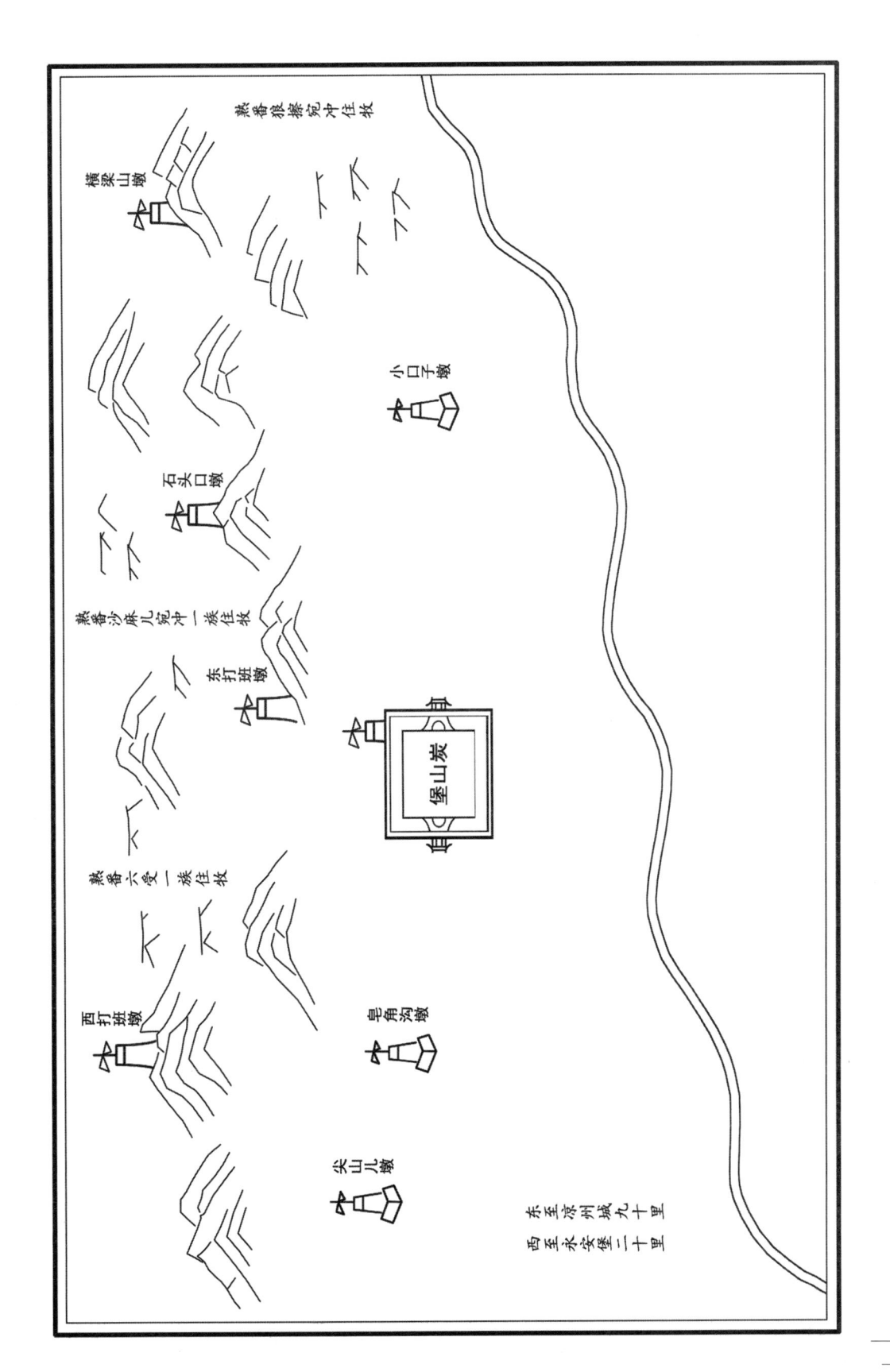

炭山堡

横梁墩
熟番狠攃宛冲住牧
小口子墩
石头口墩
熟番沙麻儿宛冲一族住牧
东打班墩
熟番六受一族住牧
西打班墩
皂角沟墩
尖儿墩

东至凉州城九十里
西至永安堡三十里

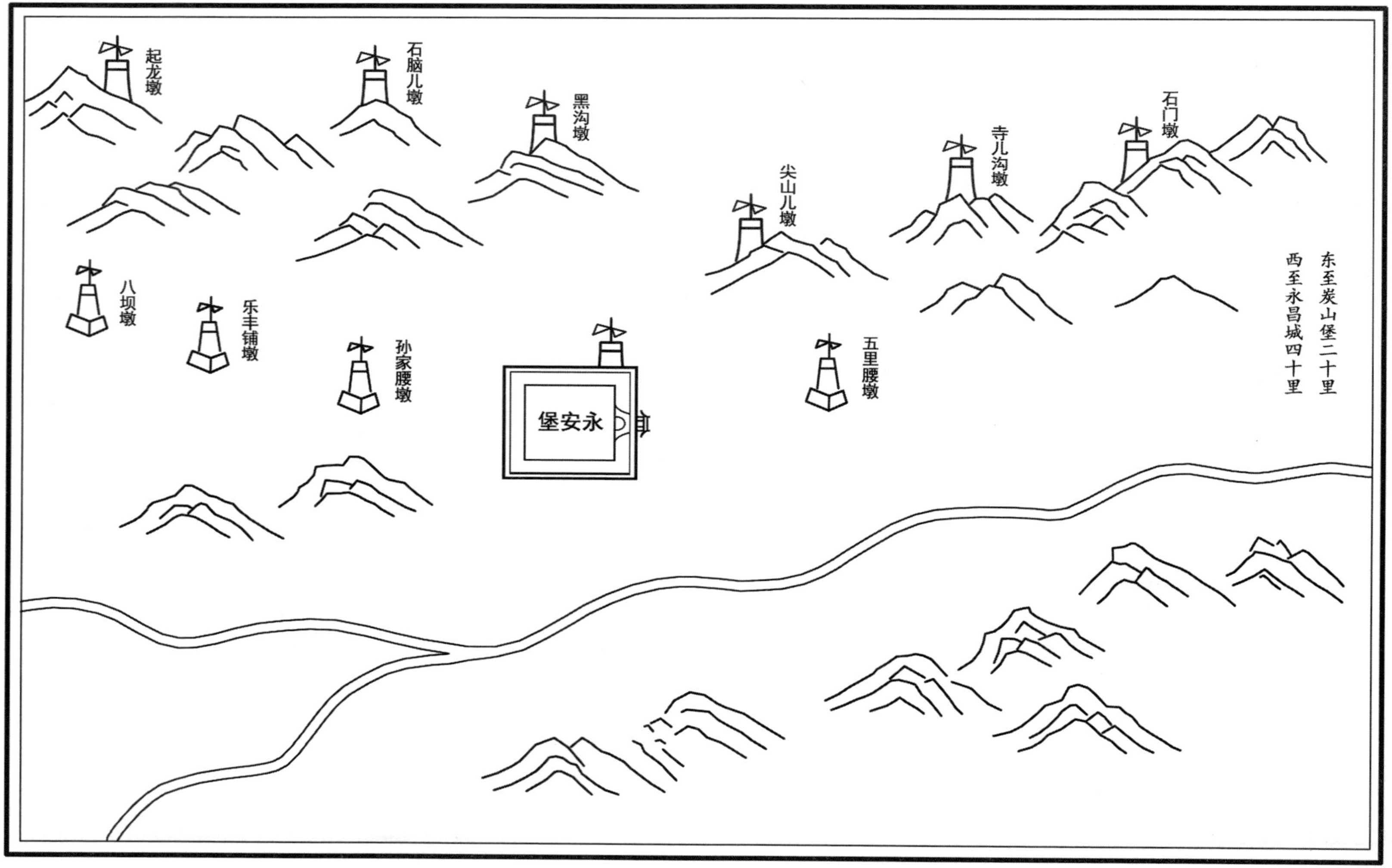

东至柴山堡二十里
西至永昌城四十里

石门墩
寺儿沟墩
五里腰墩
尖儿墩
黑沟墩
永安堡
石脑儿墩
孙家腰墩
乐丰铺墩
起龙墩
八坝墩

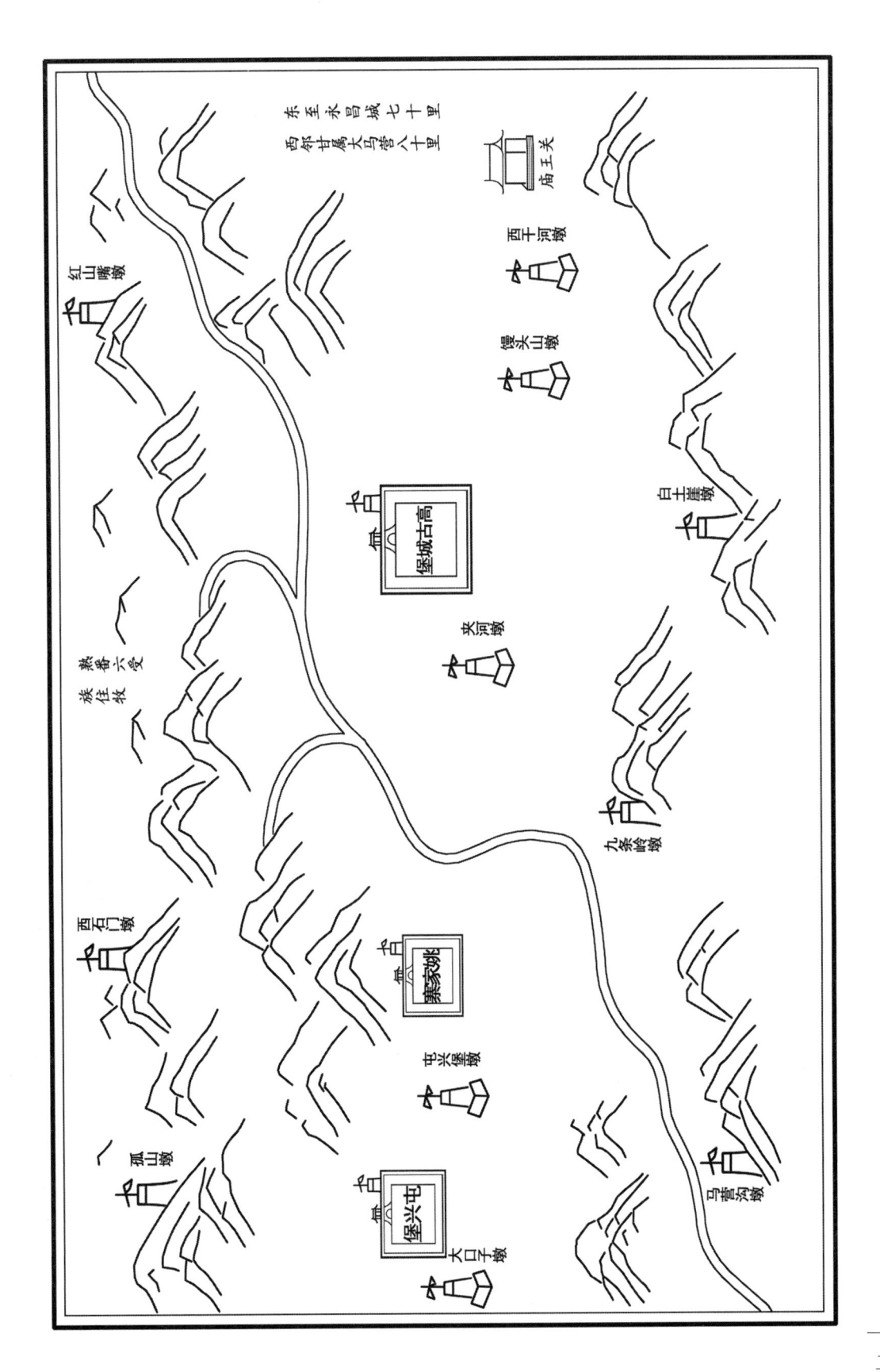

东至永昌城七十里
西邻甘属大马营八十里

庙王关
西干河墩
馒头山墩
白土崖墩
高古城堡
夹河墩
九条岭墩
熟番六麦族住牧
红山嘴墩
西石门墩
寨家姚
屯兴堡墩
马营沟墩
孤山墩
大口墩
堡兴屯

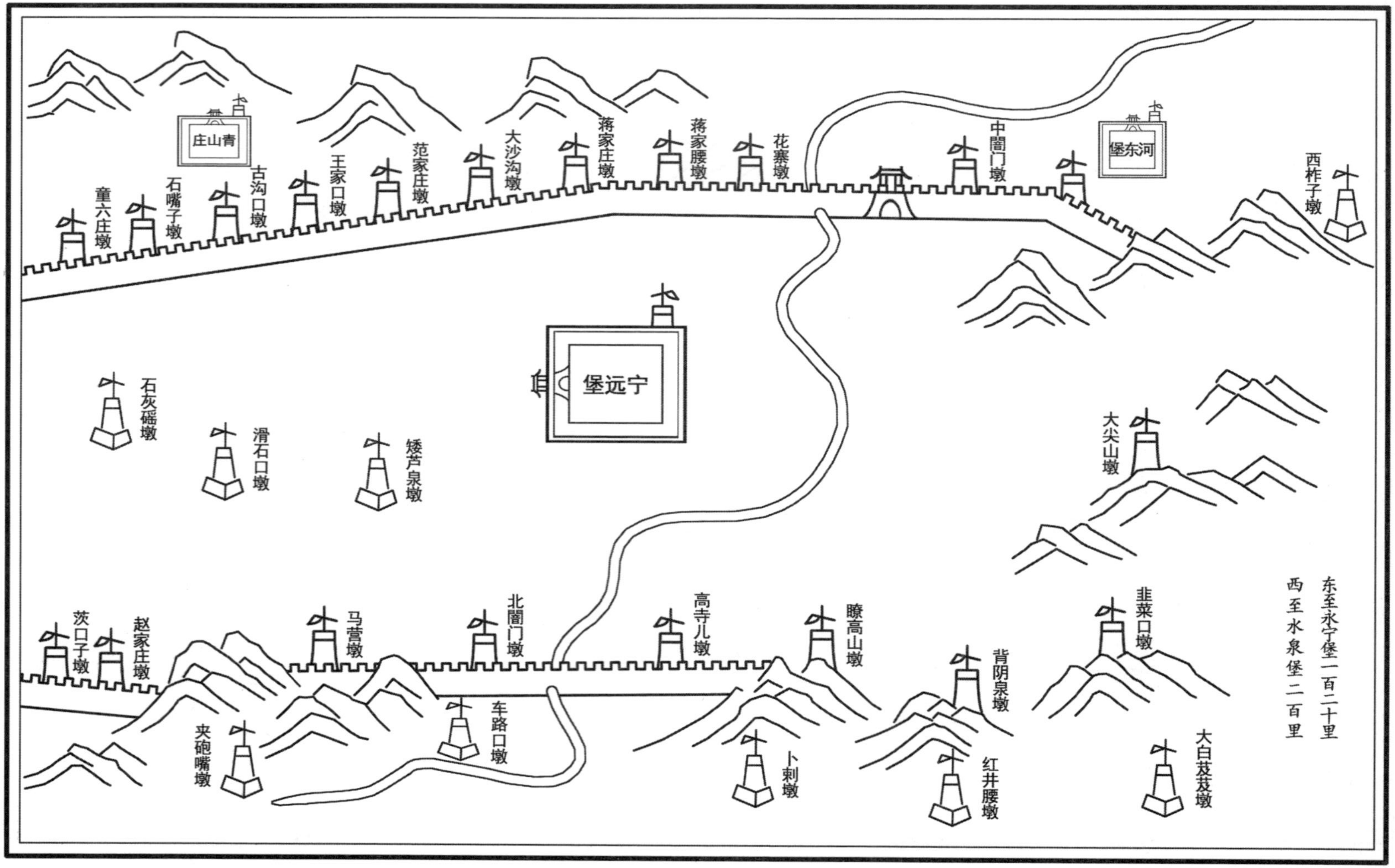

东至平宁堡一百三十里
西至水泉堡二百里

- 西杯子墩
- 堡东河（古燕）
- 大尖山墩
- 韭菜口墩
- 大白芨墩
- 中闇门墩
- 青阴凉墩
- 红井腰墩
- 花寨墩
- 膝高山墩
- 蒋家腰墩
- 卜刺墩
- 蒋家庄墩
- 高苇儿墩
- 大沙沟墩
- 宁远堡
- 北闇门墩
- 车路口墩
- 范家庄墩
- 矮芦泉墩
- 王家墩
- 马营墩
- 古沟墩
- 清石口墩
- 青山庄（古燕）
- 石嘴子墩
- 夹炮嘴墩
- 石灰窑墩
- 童六庄墩
- 茨口墩
- 赵家庄墩

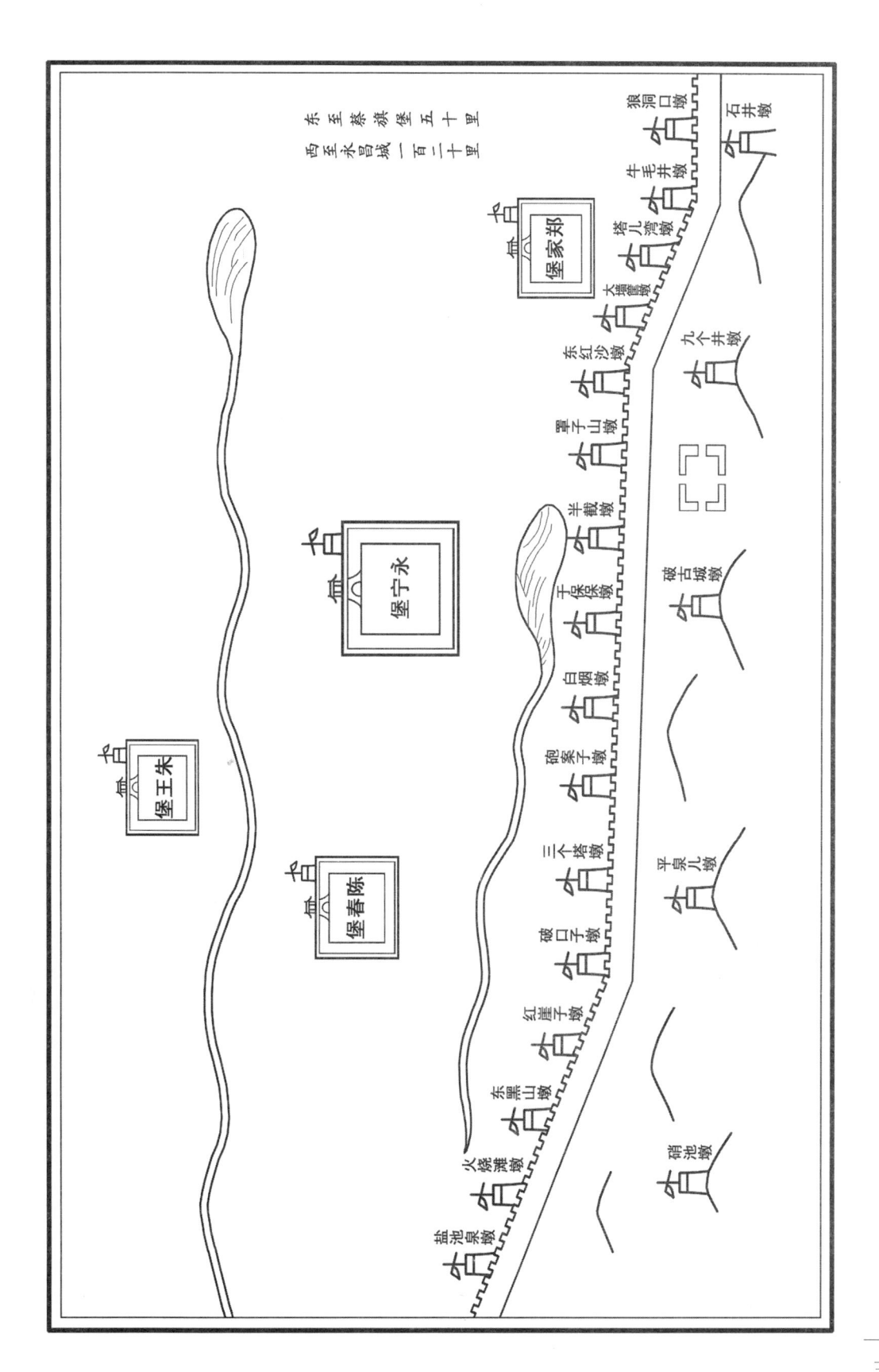

东至蔡旗堡五十里
西至永昌城一百三十里

郑家堡
永宁堡
朱王堡
陈春堡

狼洞口墩
石井墩
牛毛井墩
塔儿湾墩
大墙墩
东红沙墩
九个井墩
罩子山墩
半截墩
千总堡墩
破古城墩
白烟墩
砲案子墩
三个塔墩
平泉儿墩
破口子墩
红崖子墩
东黑山墩
火烧滩墩
硝池墩
盐池泉墩

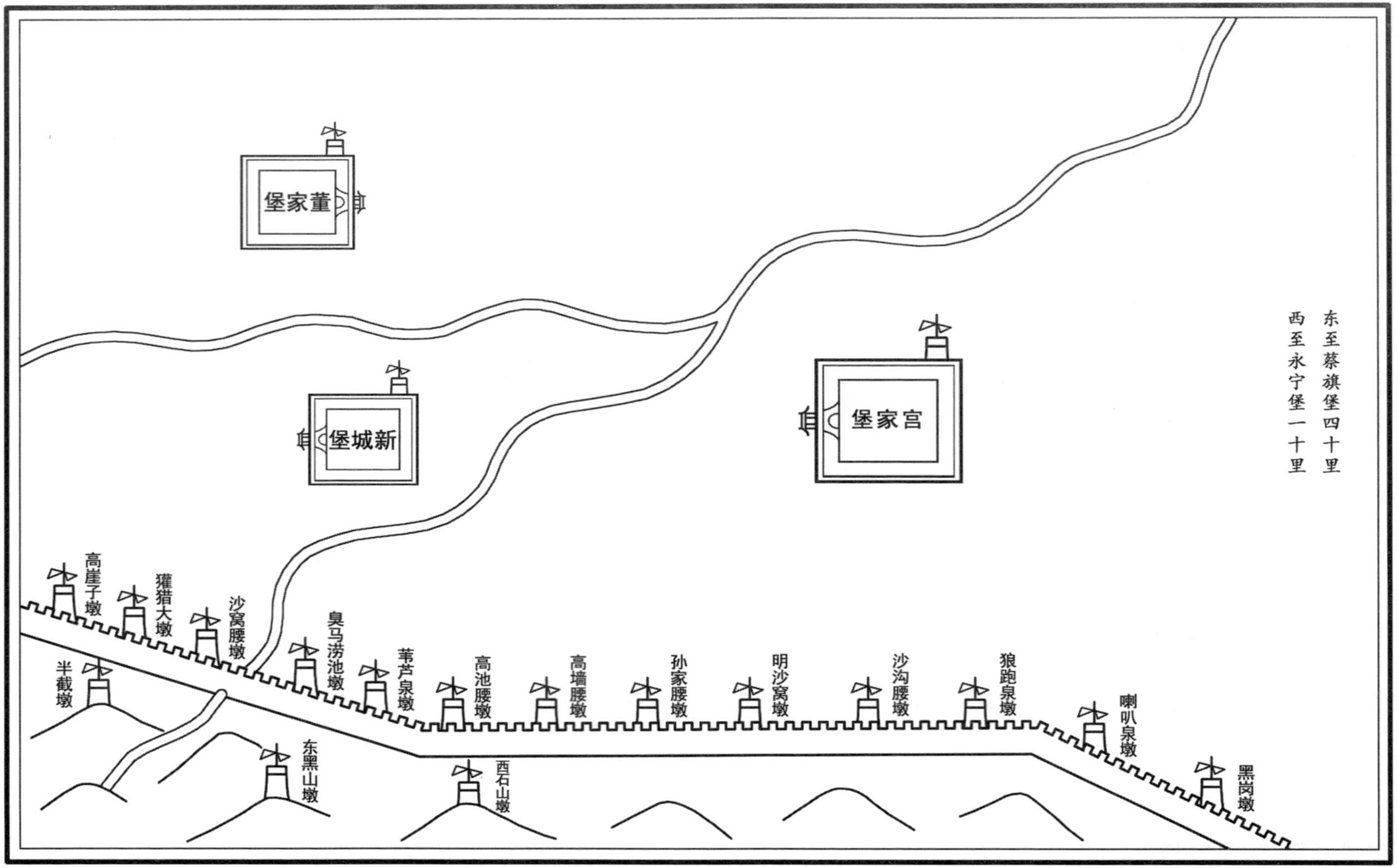

东至蔡旗堡四十里
西至永宁堡二十里

官家堡
董家堡
新城堡

黑冈墩
喇叭泉墩
狼跑泉墩
沙沟腰墩
明沙窝墩
孙家腰墩
高墙腰墩
高池腰墩
西石山墩
苇芦泉墩
臭马洿池墩
沙窝腰墩
东黑山墩
獐猎大墩
高崖子墩
半截墩

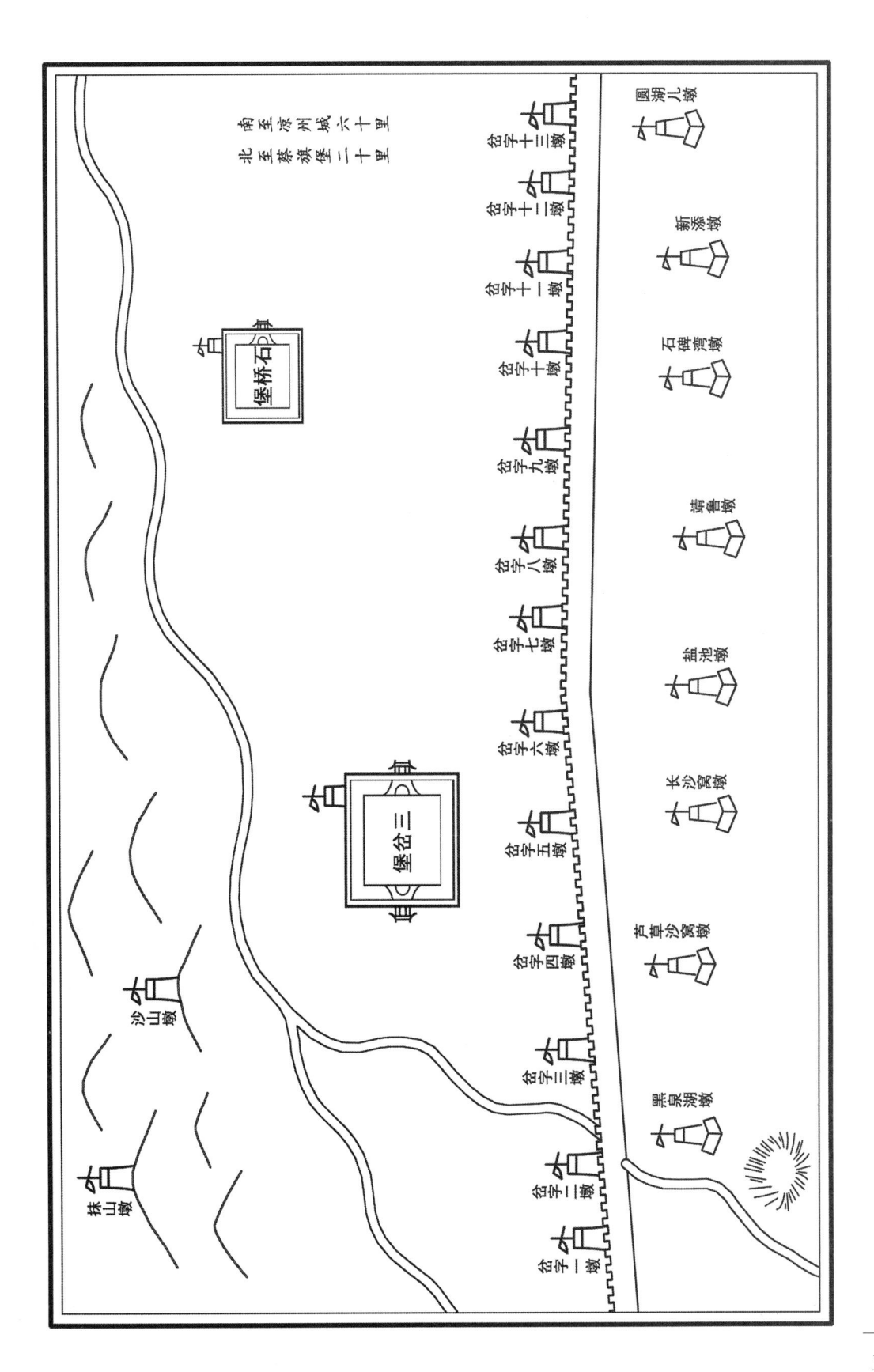

南至凉州城六十里
北至蔡旗堡三十里

圆湖儿墩
新添墩
石碑湾墩
靖鲁墩
盐池墩
长沙窝墩
芦草沙窝墩
黑泉湖墩

岔字十三墩
岔字十二墩
岔字十一墩
石桥堡
岔字十墩
岔字九墩
岔字八墩
岔字七墩
岔字六墩
三岔堡
岔字五墩
岔字四墩
沙山墩
岔字三墩
抹山墩
岔字二墩
岔字一墩

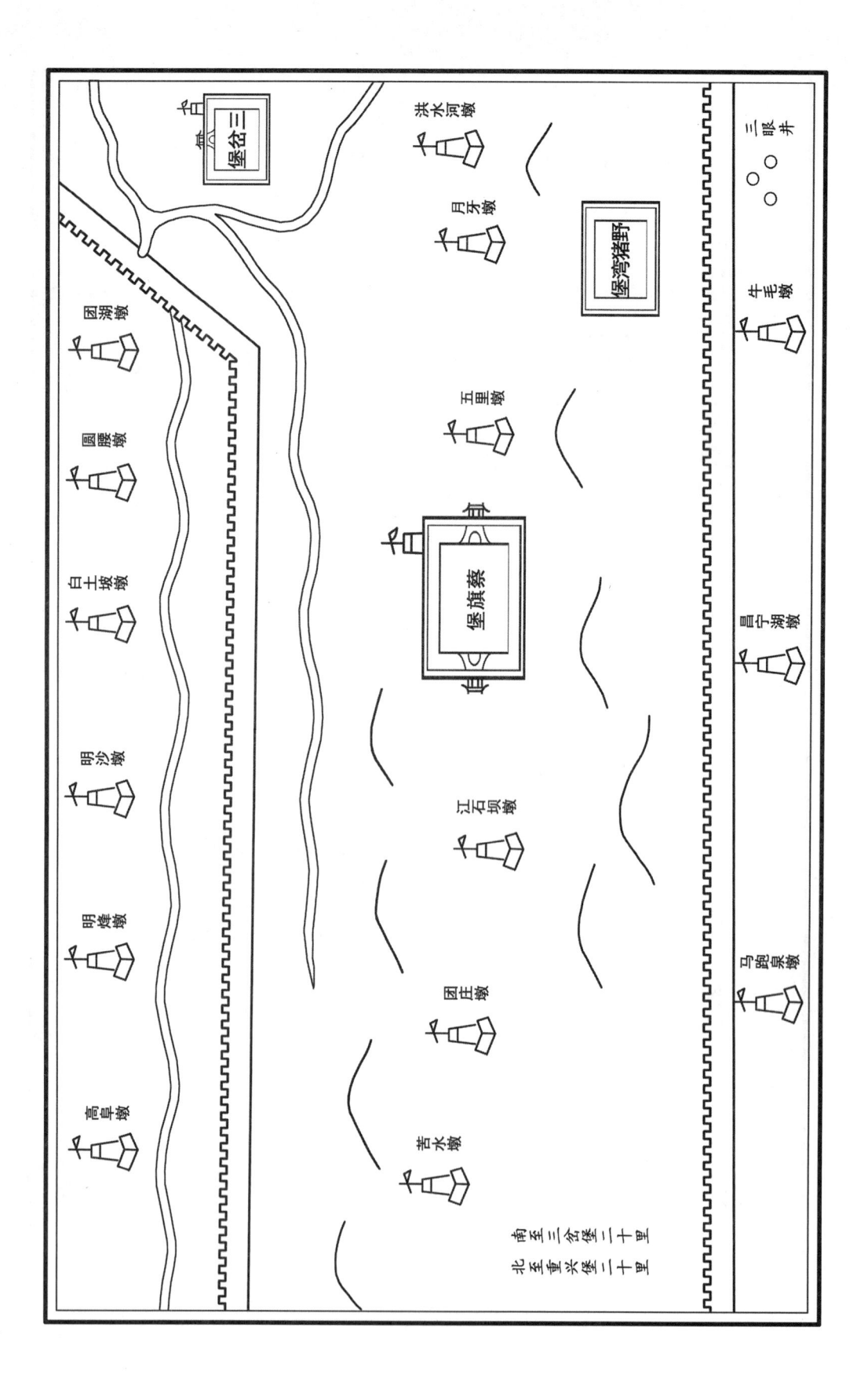

三岔堡
洪水河墩
月牙墩
湾猪野堡
三眼井
牛毛墩
团湖墩
圆腰墩
白土坡墩
五里墩
明沙墩
蔡旗堡
昌宁湖墩
明烽墩
江石坝墩
团庄墩
马跑泉墩
高阜墩
吉水墩

南至三岔堡三十里
北至重兴堡三十里

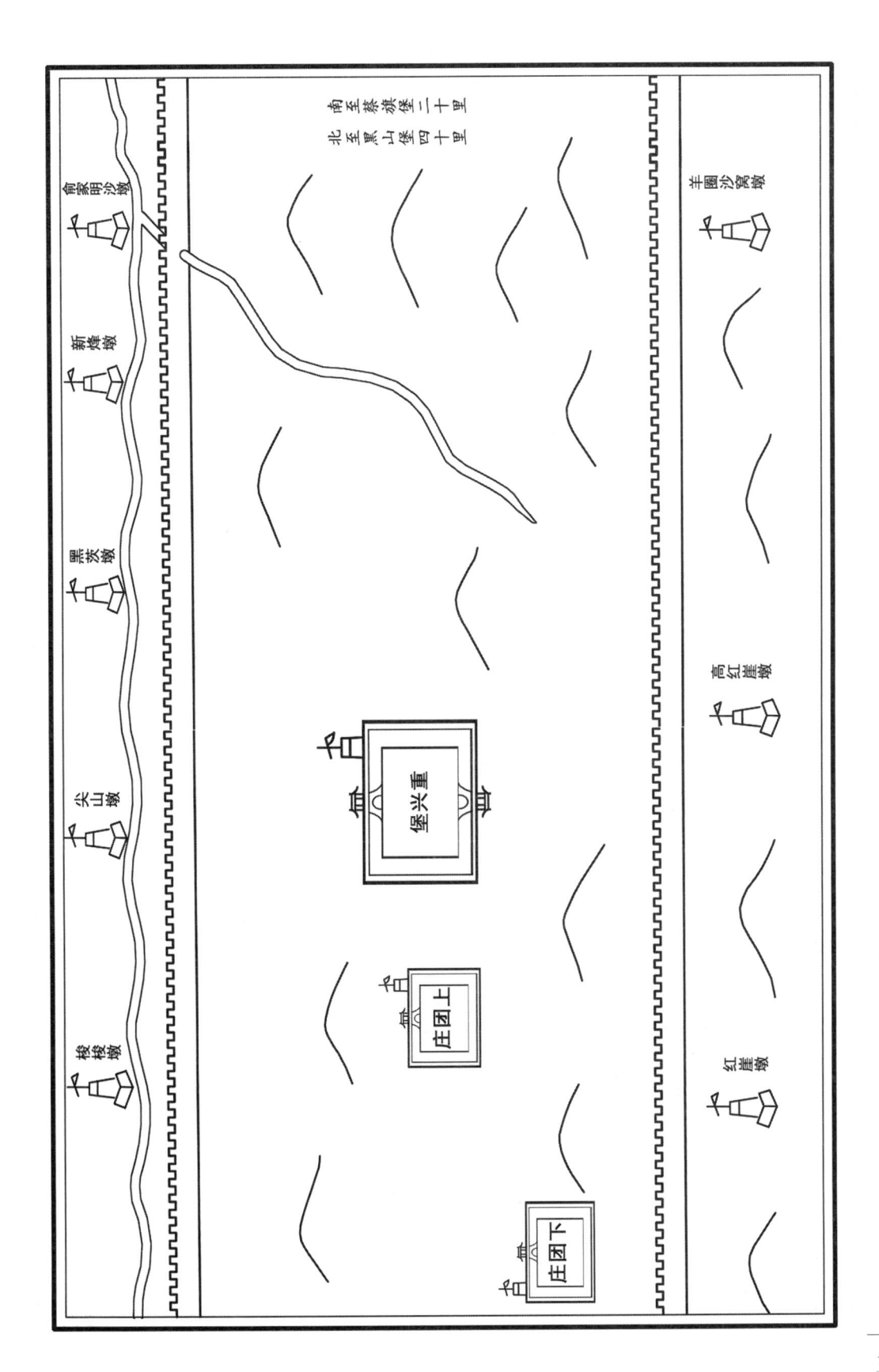

南至蔡旗堡三十里
北至黑山堡四十里

俞家明墩
新烽墩
黑茨墩
尖山墩
梭梭墩

重兴堡
上团庄
下团庄

羊圈沙窝墩
高红崖墩
红崖墩

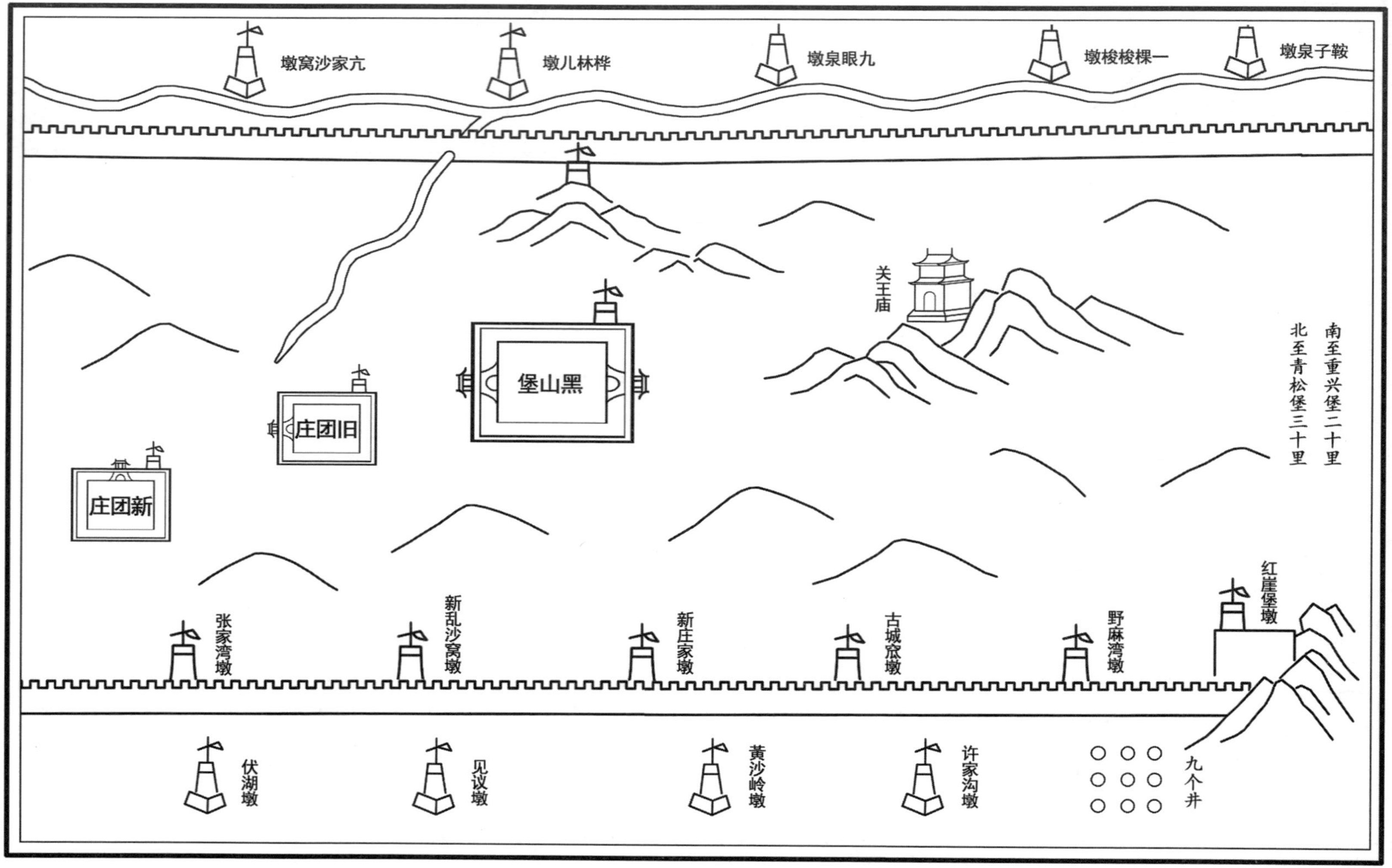

南至重兴堡三十里
北至青松堡三十里

泉子墩㪍
梭梭棵一墩
泉眼九墩
桦儿林墩
沙家六墩
黄沙窝墩

关王庙

黑山堡
旧团庄
新团庄

红崖堡墩
九个井
○○○
○○○
○○○
野蔴湾墩
古城旅墩
新庄家墩
新乱沙窝墩
张家湾墩
许家沟墩
黄沙岭墩
见设墩
伏湖墩

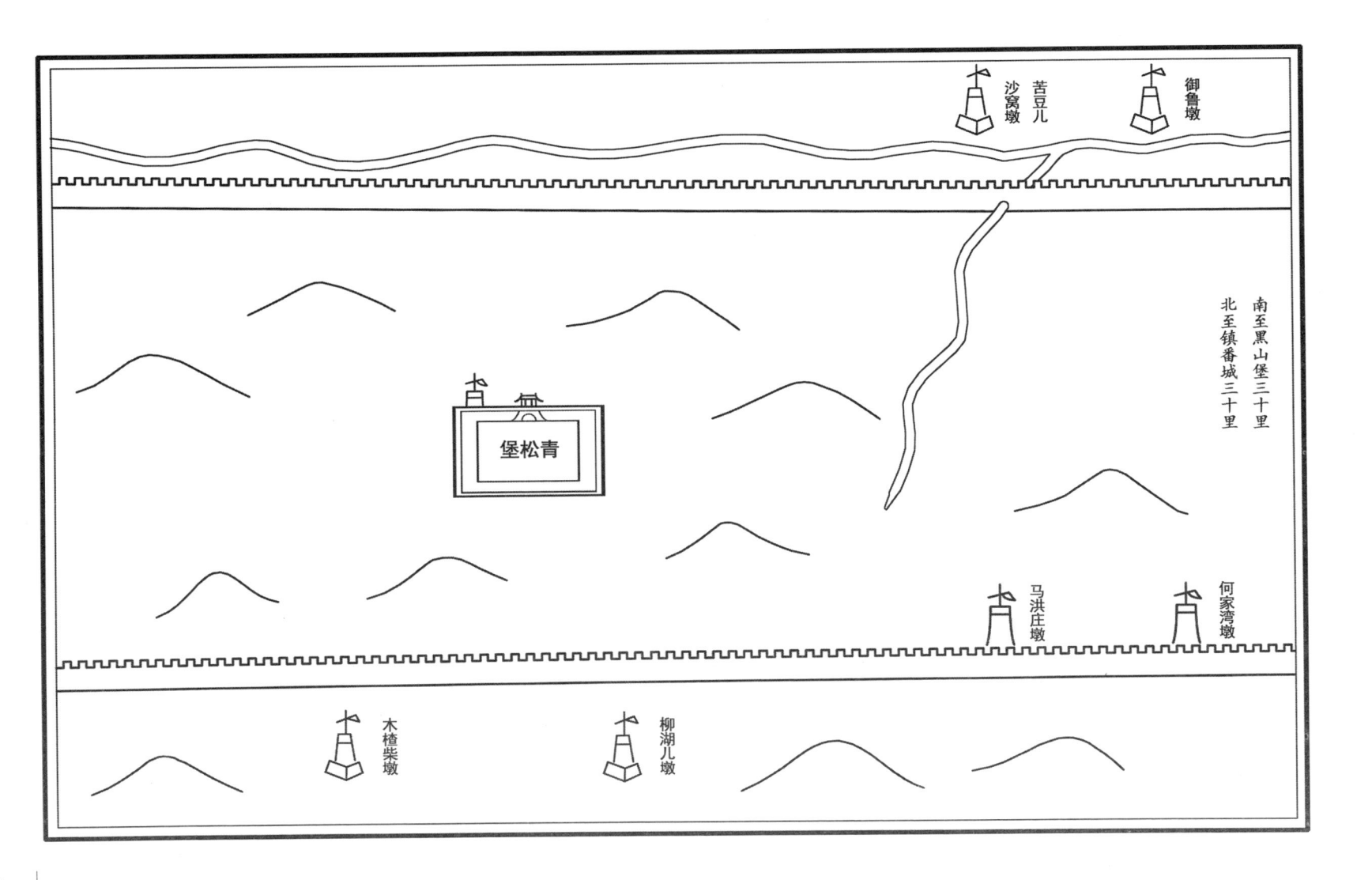

南至黑山堡三十里
北至鎮番城三十里

御魯墩
沙窩吉兒墩
何家灣墩
弓洪庄墩
柳湖兒墩
青松堡
木櫍柴墩

镇番城图

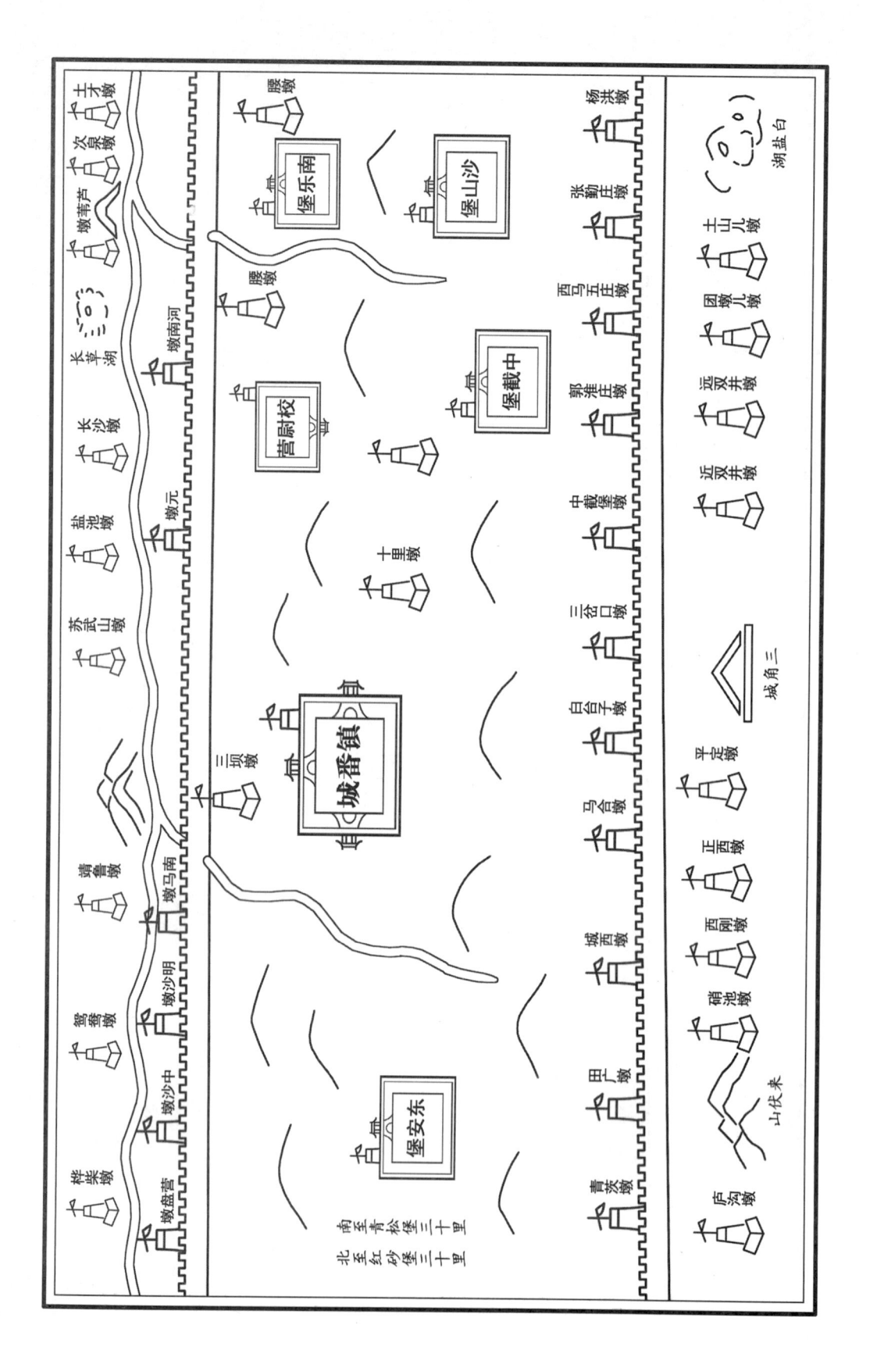

主才墩 次景墩 芦苇墩 长草湖 墩南河 腰墩 南乐堡 沙山堡 张勤庄墩 杨洪墩 盐池台
长沙墩 盐池墩 元墩 校尉营 西马五庄墩 中截堡 郭淮庄墩 土儿山墩 团儿墩 远双井墩
苏武墩 十里墩 中截堡墩 近双井墩
青鲁墩 南马墩 三坝墩 镇番城 白台子墩 三岔口墩 三角城
鸳鸯墩 明沙墩 马合墩 平忠墩 正西墩
桦柴墩 盘营墩 东安堡 田广墩 城西墩 西刚墩 硝池墩 未伏山
青菱墩 芦沟墩
南至青松堡三十里
北至红砂堡三十里

三八

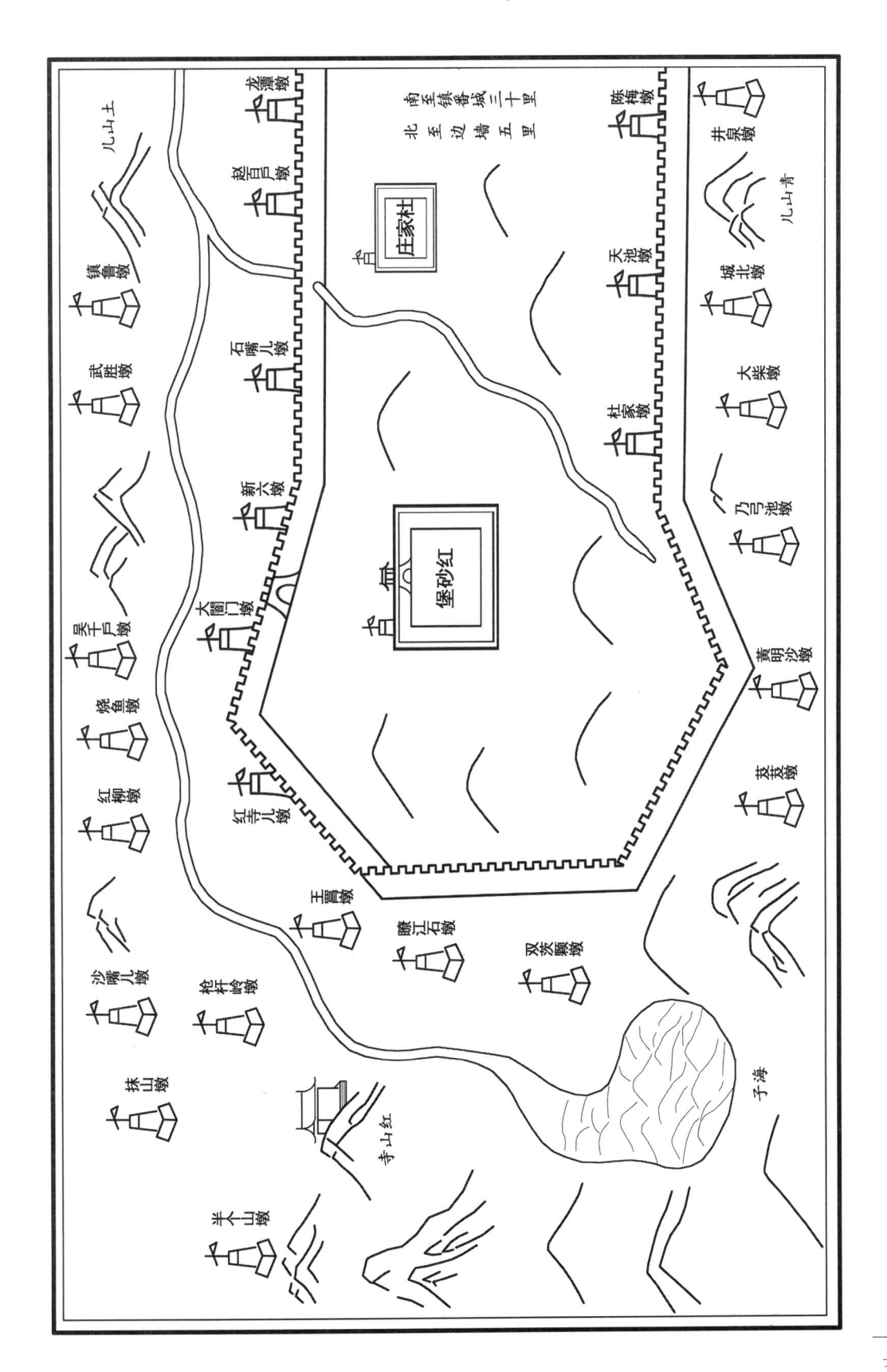

红砂堡图

南至镇番城三十里
北至边墙五里

土山儿
龙潭墩
起昌墩
镇鲁墩
武胜墩
石嘴儿墩
吴斗户墩
新六墩
大闸门墩
烧鱼墩
红柳墩
红寺儿墩
王爵墩
瞭江石墩
双茨颗墩
沙嘴儿墩
枪杆岭墩
抹山墩
寺山红
半个山墩
庄家社
红砂堡
陈梅墩
井泉墩
青山儿
天池墩
杜家墩
城北墩
大柴墩
乃弓池墩
黄明沙墩
茨茨墩
子海

三九

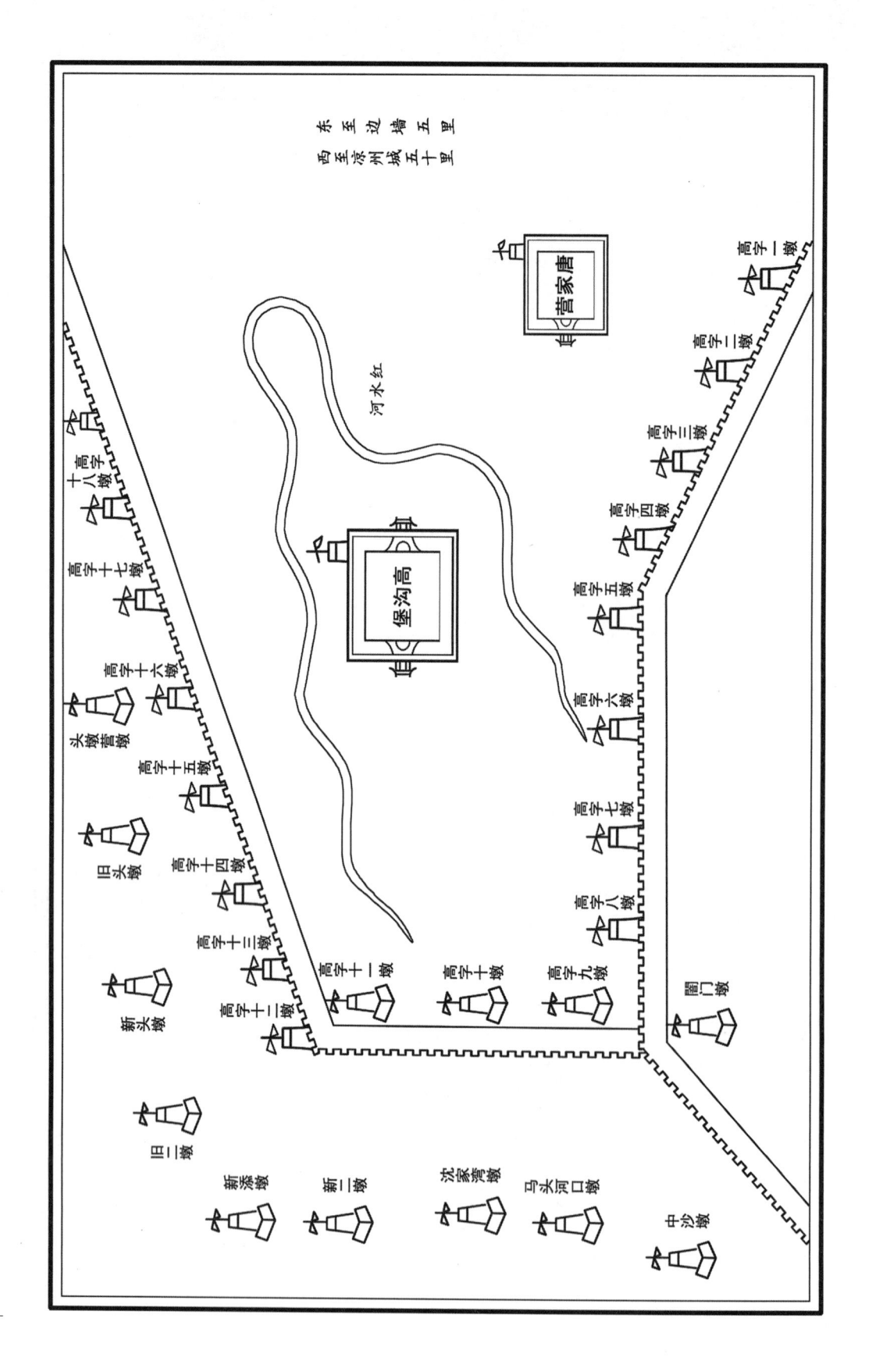

东至边墙五里
西至凉州城五十里

唐家营

高字一墩
高字二墩
高字三墩
高字四墩

红水河

高沟堡

高字十八墩
高字十七墩
高字十六墩
头墩菅墩
高字十五墩
旧头墩
高字十四墩
高字十三墩
新头墩
高字十二墩
高字十一墩
高字十墩
高字九墩
高字五墩
高字六墩
高字七墩
高字八墩
闇门墩

旧二墩
新添墩
新二墩
沈家湾墩
马头闸口墩
中沙墩

重刊凉镇志序

凉州旧志，修自蒲坂杨公观成于【与】西平王公，至明朝嘉靖癸丑岁止。前此修废之由皆不载，故无从考。二公至今又一百五年，其间治乱兴衰，时移代变，虽山川无改，而古迹湮没，城宇蓁芜，人物出处之迹，仕宦履历之详，既经乱离，漫无稽核。垂此更几十年，将遂不可考矣。我清五年，逆〖回〗叛变，志版既遭毁，书复不存。夫以凉州山河形胜，土田财赋，贤人君子，高行卓谊，皆载此书，其修其废，所关非小。

乙未岁，予奉命藩屏五凉，自愧学疏才浅，谬诘戎兵，一载之余，疮痍凋瘵，未有起色。当兵单饷缺，拮据维艰，遑问典故之废坠乎？然俯仰古今，诚不忍以钱谷簿书为辞，夙夜盟心，亟图纂辑。

越丁酉春，巡抚都御史佟公节钺河西，念志为政体攸关，票行取阅。一时属员悉以抄录呈报，其中字义差讹，凋敝残缺，诸事无从而考。余于是奉公之命，力为搜访，始得旧志数册，求遗补阙，掌录舌书，间亦芟除不行之款、虚载之条，存旧者九，新增者三，一百五年来事迹粗备，捐俸募工，不三月而书告成。公余翻阅，不觉长叹，昔太史氏遍涉名山大川，得高深之助，立言以垂不朽，余何人，斯敢膺斯任？第念垂龄以来，固尝远望沧溟，瞻岱岳，渡江河，逾太行，仰止西华，趾望嵩高，执经奉教于海内名公巨卿者业有年矣，一旦改授监司，袜线疏庸，无补于治，利有所不能兴，害有所不能除。

昔之涉历奉教者，其谓之何，余于此志更有深虑焉。河西五郡远设天末，凉州地居适中，为五道咽喉，四面环山，番彝比处，官民惟中居一线耳。前朝见为边镇要害之地，富边则有钱粮之充裕，强边则有兵马之云集，实边则有墩台之联络，即斗悬孤立，在我有备，可恃无恐。今则有不然者，今日之兵马，十裁其八九；今日之粮饷，十存其一二；今日之墩台，名存实无，而有虚悬之虞；今日之边患，时移地更，而有南北之异。复兼以洪水市开牧我内地，幨帷星列，牛马蚁屯，抚之无策，剿之不敢。虽有壕堞崇深，寇若宛然在目也；虽有弋籽山川，寇若比屋而居也；虽有墩堡瞭望，实顾彼不能顾此也。万一呼吸伸缩之少梗，风墙靡定之患生矣。幸都御史佟公德威之茂，谋猷之周，与一时文武将帅无不感激思奋，绸缪未雨。人和则险设，时戒则防备。自是销锋万里，弭变未然，为圣天子奠亿万载之基于不坠矣。然彝性叵测，一不如意，即生他变，其事甚急，其势亦甚危也。愿后之君子诸务敬理之外，于海防尤加意焉。此予修志之深意也，故志。

顺治丁酉岁暮春，赐进士出身分守西宁道陕西布政司右参议、前巡按山西山东道监察御史苏铣撰。

目 录

地里志

　　沿革

　　疆里

　　山川

　　水利（附桥梁）

　　风俗

　　物产（永镇古三卫所入凉卫下）

　　古迹（附坟墓）

建置志

　　城垣

　　公署

　　学校

　　坛壝

　　祠祀（附寺观）

　　驿传（附铺舍）

官师志

　　名宦

　　道属（附员额）

兵防志

　　军制（附马匹）

　　堡寨

　　烽墩

　　隘口

　　戎器

岁计志

　　户口

　　地粮（附从省关领折饷）

　　马粮

　　课税

　　支放

人物志

　　乡贤（古浪所无）

　　忠烈（总入凉州卫下）

　　节孝

　　甲第（镇古卫所无）

　　乡试（古浪所无）

　　流寓（总入凉州卫下）

　　仙释（总入凉州卫下）

疏　赋　诗

　　奏议

　　前志奏议

　　前志碑记

　　前志诗歌

凉州卫

地里志

沿　革

凉州卫，周为戎狄地。秦为〖匈奴〗休屠、浑邪王右地。汉武帝元狩二年，将军霍去病、公孙敖出北地二千余里，过居延，击败〖匈奴〗。是年秋，〖匈奴〗浑邪杀休屠王并将其众来降。元鼎二年，以其地为武威郡。后改周之雍州为凉州（以地处西方，常寒凉，故也）。其地势西北斜出在南山之间，南隔西羌，西通西域，号为"断〖匈奴〗右臂"。东汉仍为武威郡。献帝时，凉州数乱，河西五郡去雍隔远，于是别以为雍州。末年，又依古典定九州，乃合关右以为雍州。晋，仍为凉州。东晋为张氏所都，分汉六郡为二十二郡。后，四凉迭兴，据有其地（按：凉州自张氏以来，晋惠时，张轨据有凉州。其后，张寔、张茂、张骏、张重华、张曜灵、张祚、张玄靓、张天锡，凡九主，国号凉。至孝武时，秦王符【苻】坚灭之，以梁熙为刺史。后，吕光杀熙而代之，吕绍、吕纂、吕隆，凡四主。安帝时，秦王姚兴征隆为散骑常侍，以王尚代之。秦复以南凉王秃发代之，为西秦王炽磐所灭。后，北凉王沮渠蒙逊称藩，故命为凉州刺史。蒙逊卒，子牧犍立，魏大【太】延五年，灭之）。南北朝，仍为凉州。西魏置武安郡。隋开皇初，郡废。大业初，复置武威郡。唐初为李轨所据。武德初，克平之，复置凉州总管府。七年改为凉州武威郡。开元中，置河西节度使，断隔吐蕃、突厥。末年，命宰相兼领节钺以镇之。天宝末，陷于吐蕃。宣宗，复河湟，命土豪领之，自置牧守或请命于朝。五代，汉祖知远，命申师厚为之帅，汉民杂于吐蕃。宋太宗至道二年，以殿直丁惟清领州事。李继迁寇西凉府，丁惟清死之。潘罗支会六谷蕃部与继迁战于城下，继迁败死。至仁宗天圣初，土贡不绝。六年，为夏元昊所据。元太祖灭夏，仍为西凉府。太宗命皇子阔端镇之。至正四年，于城北三十里立永昌王，遂为永昌路。后设宣尉【慰】使司，降西凉府为州，隶焉。明洪武三年，平定陕西，元永昌路詹事院凉国公搭搭领所部北遁道死，子南木哥挈所部还，凉州归附。五年，宋国公冯胜领兵至河西，时凉州境内空虚。至九年，以兰州等卫官军守御凉州，设凉州卫，立左右中前后五所。崇祯十六年，闯寇反乱，设置伪官。我清朝大兵至陕西省城，即望风归附，仍隶甘肃镇。五年戊子三月，逆回丁国栋叛乱，副将毛锳、参议张鹏翼皆殉难。总督孟乔芳帅师刘友元等征讨，栋即西遁。余党马腾金据城残杀百姓，不下万余，阴谋阳降，狡志复怀。后设奇根株尽戮，城社晏安如初。

疆　里

凉州卫疆域　东连宁夏，西抵永昌，南接西宁，北距镇番。广六百八十里，袤二百八十里。

里至　东至宁夏中卫板井墩五百九十里，西至永昌卫柔远铺九十里，南至西宁卫界野马川二百里，北至镇番卫界三岔口河北墩八十里，东南至古浪一百四十里，东北至马莲滩二百里，西北至永昌一百六十里，西南至臧南山一百三十里。

山　川

凉州卫，天梯横其前，沙河绕其后，左有古浪之险，右有西山之固（《新志》）。

臧南山　城西南一百二十里。《方舆胜览》云：冬夏多雪，又名雪山。

浚稽山　武威郡北。汉武大【太】初二年，遣浚稽将军赵破奴将二万骑，击彝鲁至此，败浚。天汉二年，李陵出居延亦至此山，与彝鲁搏战。

天梯山　城南八十里。其山高峻，有路曲折如梯。

车轮山　城西南九十里。山巅高峻，有路盘曲而登。

青山　城东二百五十里。上多松柏。

松山　城东三百一十里。上多古松。

莲花峰　一名西山，城西二十里。峰峦若莲花，故名。

青岩山　旧姑臧县界，下有湫，甚广。人触之，风雹即至。

第五山　姑臧旧县界，有清泉茂林，悬崖石室，昔为隐士所居。

白岭山　城西南，山头常有积雪。

土弥平【干】川　西南五十里。《方舆胜览》云：牧放之处，土肥如膏。

黄羊川　城东南一百五十里。地多水草，宜畜牧。

白亭海　卫东北境。其西南五涧谷水流入北海，以水色洁白，故名。一名小阔端海子。

灵泉池　卫治南，后凉吕光常宴群臣于此。

沙河　城东北五十里，其源出自洪水泉，至三岔河合而为一，逾镇番界北入白海。

白亭河　晋高居诲《使于阗记》：自灵州过黄河行三千里始涉

沙，自此沙行四百余里登沙岭、过白亭海至凉州。

五涧谷水　《方舆胜览》云：水源自番禾县界出，流入白海。

洪源谷水　唐圣历中，吐蕃寇凉州，入洪源谷，唐休璟破之于此。

潴野泽　城东北。《禹贡》云"至于潴野"即此。

蹇占山口涧　城西一百五十里。

金塔寺山口涧　城南五十里。

杂木口山涧　城南七十里。

黄羊川山口涧　城东南一百七十里。

土弥干山口涧　城西南七十里。此五涧谷水，春首农兴，雪消冰释，渠坝分流，浇灌田亩。至三岔河合而为一，入镇番卫地注白海。

天池　城西南一百二十里。山上有池，四时天水不涸。

鱼池　城东北一里。阔二百步，周围有湖草，树蒙密，池中有舟。

黑木林泉　城东三十里。

红水泉　城东五十里，水色微红。

近城泉　城东五里。

海藏寺泉　城北十里。

以上四泉，灌田甚广，冬月不冻，流入于沙河。

暖泉　城东一百二十里。

水　利（附桥梁）

凉州卫

黄羊川　一坝、二坝、三坝、四坝、五坝、六坝、七坝。以上河水延流至大河驿东，凡四十五里，分为七坝灌田。

杂木口　一坝、二坝、三坝、四坝、五坝、六坝、七坝。以上七坝自城南五十里流入沙河，延七十里灌田。

金塔寺　一坝、二坝、三坝、四坝、五坝、六坝、七坝、八坝、九坝、十坝、十一坝、杨家十二坝。以上十二坝河水自城西南分流，延六十里灌田资农。

土弥干川　一坝、二坝、三坝、四坝、五坝、六坝。以上六坝河水自城西五十里流入，延灌民田。

石桥　城北二里。

双桥　城北一十五里，二桥相距，故名。

风　俗

凉州卫，人事慷慨（《方舆胜览》），虽居戎域，然自张氏以来，号有华风（《北史·胡叟传》）。人杂羌戎，习俗刚劲。或土屋而居，或穹庐而处，以孳牧为生（《地里志》）。

物　产

稷　按：《尔雅·冀》曰：稷为百谷之长，性凉而温，益脾胃，俗谓之糜。各卫皆有。

小麦　各卫皆有，惟甘州者为佳。与山东白麦无异。

青稞麦　可酿酒，各卫皆有。

匾【扁】豆　小而匾【扁】，可作粉。

蚕豆　一名大豆。

豌豆　一名小豆。腹里亦有，河西独多。俗硙为面，与麦无异，价亦相等，遂用以兼给军饷。

胡麻　《本草》云：生上党川泽。一名狗虱，一名方茎，一名鸿藏。苗梗如麻而叶圆锐光泽，嫩时可蔬，道家多食之。俗用以供油。

菜子　可为油。

金

银

铅

瓠

茄

芥

芹

蘑菇

茄莲 叶似蓝靛，根大，味甜脆。

沙葱 似葱而细。

沙韭 与韭同。

回回甜瓜 《汉书·地理志》云：敦煌古瓜州地出美瓜，孤入其中，不露首尾。《广志》云：瓜州大瓜如斛，御瓜也。今甘、肃、凉、永甜瓜，肉坚厚，味香美，俗名回回甜瓜，且可晒为干。故又以瓜干名焉。

楸子 色赤，味甘酸。河西俱有，独甘州取其汁，煎为果单。

林檎

把丹杏 核仁甘美，元人用为贡。

梨 河西皆有，惟肃州、西宁独佳。

沙枣 《一统志》云：出甘肃，有红黄二色，似枣而小，花开香气袭人，肉白似沙。

葡萄 汉史张骞通西域，传其种入中国。

牡丹 有红白紫三色，欧阳修《花谱》以延安为产之杰者，殊未知河西尤佳。

芍药

菊

罂粟 有五色。

百合　即卷丹。

金莲　有五色，一名满池娇。

玉簪

佛指甲

金凤

红花　各卫皆有，惟西宁者佳。

枸杞　子鲜红色，山崖、水浒皆有之。《本草》云：可治风湿、劳伤，坚筋骨，强阴，利大小肠，久服轻身不老。今内地概称甘杞。然，惟镇番者为佳。

大黄　味苦寒，一名黄良。《本草》云：生陇西。今甘肃诸卫皆有，惟山丹大黄有锦纹最佳。此于回夷极切日用，故其入贡，还辙满载以归。总督杨一清《闭关绝贡疏》云：大黄不去，则人畜受暑热之灾。麝香不去，则床榻盘虺蛇之害。回夷用大黄消暑，麝香制蛇，故云。

肉苁蓉　味咸，出酒泉福禄县沙中。皮如松子有鳞甲，根长尺余。《本草》云：野马精溃地所生。镇番独多。

甘草　大者如椽，诸卫皆有。

鹿茸

羚羊角　《图经》云：出华阴山。今甘肃俱有之。其形如羊，青而大，其角长一二尺，有节如人手指。

锁阳　《本草》云：味甘酸，补阴益精，可代苁蓉治虚症。出镇番。

榧实　《本草》云：生永昌，味甘，无毒。

银屑　《本草》云：生永昌，味辛平，有毒，久服轻身益寿。

白附子　《本草》云：生凉州沙中，独茎，鼠尾，叶生穗间。

青盐　宜药，永昌卫有池。

鹰

鹞

马鸡　重四五斤，青色。

野鸡

沙鸡

鸳鸯

鹘

本周鸟　与苦术兀儿鼠同穴，俗谓鸟鼠同穴，出永昌。

鹳

鹭鸶

天鹅

鹿

麋

麝

麞

马

骡

驴

犏牛　力可任耕、载。

挑羊　尾重三斤余。

黄羊　似麞，色淡黄，角花黑。

他【獭】刺卜花　似獾，重四五斤。

黄鼠

无鳞鱼　黑黄色，有黑点，无鳞。各卫俱有，惟镇番与西宁、碾伯多。

寒水石

紫英石

二石俱可为器，出永昌。

菜花

绒毛褐段【缎】　　《元史》：甘肃行省贡褐段【缎】。

酥　牛羊乳中出。

古　迹（附坟墓，非名贤不录）

凉州卫

姑臧县城　城东北二里。汉置县，属武威郡治。晋、隋因之。唐为凉州治，遗址尚存。

永昌路城　城北三十里。元置永昌路，后添设永昌宣慰司，墙垣俱存。今置永昌堡。

大斗军　《集览》云：凉州有大斗军，因大斗拔谷为名。《总志》云：在凉州西北二百里，古安西城也，唐开元中以赤水守捉改之。

刘林台　城西北五里。相传窦融所筑，旧名窦融台。明洪武初，百户刘林战死台下，人重其节，因改今名。

灵钧台　城北，晋张茂所筑，遗址尚存。

狄台　城东五里。宋狄青为招讨时所筑。

葡萄园　永昌堡旧城外，出《镇国寺碑》。

兽文石　城西二十五里西，莲花峰下有巨石五块，青黑色，白文，各成兽形。其一，高五尺，长一丈三尺，周围三丈三尺，上有牛形。其二，高五尺，阔一丈，围四丈，上有狼形。其三，高五尺，阔四丈，围二丈，上有羊形。其四，高三丈，阔二丈五寸，围九尺，上有羊形。其五，高二丈，阔二尺，围六尺，上有鹿形。

唐武安府校尉杨府君墓　城北一十里永丰乡之原。墓碑云：君讳文才，字德茂，弘农华阴人，汉太尉震之后也，《洪源盛德》详之。前载歌咏犹存，可略言焉。曾祖崑，荆州刺史。祖儒，苏州刺史。父兴，武威郡司兵，并人望国，华声雅俗，恩沾千里，威使百城。德茂在人，芳风未泯，君资忠履孝，蕴义居贞，六艺聿修，九德兼备，弱冠而英声遍于天下。属隋季板荡，四海群沸，乃发愤从军，以功迁校尉。时属升平，率土宁晏，消戈镕戟，偃武修文。遂解职辞荣，躬亲孝养，虽高柴与舆无以加也。及丁艰泣血，绝浆服祀，未终灭性而殒，呜呼哀哉！春秋六十有一，乾封元年八月五日奄终私第。夫人张氏，地望高华，母仪兼备，先秋落秀，未夕沦浑。以其年岁次庚寅十月癸巳朔二十九日辛酉，合葬于永丰乡之原，礼也！嗣子怀靖等，孝禀天经，痛慈颜之永谢；穷心靡诉，恐盛范之湮沉。敬勒芳猷，式镌贞石。其词曰：於烁盛族，载诞英贤。忠非外奖，孝乃天然。辅仁无验，福善徒塞。痛贞良之永谢，纪盛德于重泉。

元追封西宁王忻国公墓　中书平章政事斡栾之父忻都，以子贵追赠至西宁王忻国公。元中书参知政事危素撰碑具存。

凉国公搭搭父西台中丞远都巴儿墓　城北三十里。无碑，有石人、羊、虎存焉。

建置志

城　垣

凉州卫旧城　唐李轨所筑，周一十五里，高四丈八尺。明洪武十年增高三尺，共高五丈一尺，厚六丈。周围减去三里，惟一十一里一百八十步。旧有南北东三门，后宋晟增辟西门。东、北建楼各一，箭楼、逻铺各三十有七，月城四，深一丈三尺尺，阔六丈八尺。

万历年间，四周用砖包砌。东关厢城长一里许，阔百五十步，为门三。

高沟堡一座，周围二百四十丈，高三丈，厚一丈，开城门一座。

张义堡一座，周围二百丈，高三丈五尺，厚一丈五尺，开城门一座。

上古城一座，周围二百丈，高三丈八尺，厚一丈二尺，开城门一座。

三岔堡一座，周围二百二十丈，高三丈，厚一丈，开城门一座。

西把截堡一座，周围七十五丈，高三丈三尺，厚一丈五尺，开城门一座。

炭山堡一座，周围六十二丈，高二丈八尺，厚八尺，开城门一座。

怀安堡一座，周围一百二十丈，高三丈，厚一丈，开城门二座。

柔远堡一座，周围八十五丈，高二丈八尺，厚一丈，开城门二座。

大河堡一座，周围二百一十丈，高三丈，厚一丈，开城门二座。

靖边堡一座，周围一百八十丈，高二丈八尺，厚九尺，开城门二座。

双塔堡一座，周围三百二十丈，高三丈，厚一丈，开城门二座。

公　署

凉州卫

察院　城西南隅。

分守道　卫东。

协副府　卫西。

凉州卫　在城中隅，内附经历司。

监屯厅　城东南隅，内附银库。

广储仓　城西北隅。

草场　城西南隅。

税课局　东关北。回叛焚毁，旧址存。

阴阳学　医学　俱在城南隅，回叛焚毁，旧址存。

僧纲司　大云寺内。

养济院　城东北隅。

钟楼　城东北大云寺内。

演武场　城西北一里许。

内演武场　城西隅。

官厅　有二。一在东郊，见存；一在西郊，回叛拆毁，地址见存。

学　校

凉州卫学　城东南隅。明成化中，都御史徐廷璋重建。我清甲午秋，予以少参初任凉，谒庙，睹殿宇宫墙，年久倾圯【圮】，风雨不蔽。即谋诸师生，学校若此，科第廖廖，未必非根源受损。遂议捐俸，呈请院示，开广基址，设法修理。劝行输助，定规制，觅工役，度地之高者损之，下者益之，增启殿庑以及棂星、仪门、泮池，金声、玉振各亭，名宦、乡贤各祠。经始于丙申三月，落成于丁酉六月，较之旧模，颇加数倍。

敬一亭。

泮池。

坛　壝

凉州卫

社稷坛　城西北二里。

风云雷雨山川坛　城南一里。

厉坛　城东北一里。

祠　祀（附寺观）

凉州卫

宣圣庙　儒学左。

启圣祠　儒学右。

城隍庙　城中，卫西隅。

旗纛庙　城西北隅。

关圣庙　城中，卫西隅。

雷祖庙　城北一里。

真武庙　城西南三十里。

东岳庙　城东南隅。

龙王庙　有二。一在城北门外一里，一在城南四十里。

羊头神庙　城西南隅。

三皇庙　城中，南隅。

火神庙　城中，卫西隅。

玄帝庙　东关南隅。

马神庙　城东北隅。

玉皇庙　城西北隅。

三官庙　东月城内。

祖师庙　西月城内。

汉壮侯庙　城北三十里。

忠节祠　儒学泮池东，以文昌祠改建。祀汉五郡太守孔奋、护羌校尉皇甫规、太尉段颎，魏凉州刺史徐邈，晋武威太守马隆、凉州牧张骏、酒泉郡公贾疋、广平郡公段韶，隋秦州总管窦荣定，唐武阳公凉州都督李大亮、郭震、唐浚、兵部尚书李抱玉，元淮南行省参政余阙，明都御史李淮、都督佥事濮英、恭顺伯吴允诚、邠国公吴克忠、副总兵姜汉、镇国将军慕弘义、都指挥佥事丁刚、阵亡都指挥李晟、指挥包翼、戴宽、千户丁恺、侯林、骆真、百户刘林、夏伏，监生王泽。

协副李公祠　柔远驿西一里。公讳晟，燕京人。明景泰中，以都指挥任凉州协副。天顺二年，鲁小王子入寇，晟追至团湖儿破鲁，斩首百余级。秋，鲁复入寇，晟追至硖山口，大战而没。凉人立祠于此。其子玘，官至总兵，镇守山西。

劝忠祠　城东一百里双塔递运所东。祀阵亡千户严玺，余姚诸忠撰记。

崔公祠　城东二里。明嘉靖二十三年为副使崔允建，参政马汝彰记。今废。

金山圣母祠　有二。一在城东七十里，一在城东北一里。

大云寺　城东北隅。

金塔寺　城南三十里。

菩提寺　金塔寺南。

庄严寺　旧名静觉寺，城南六十里。

安国寺　城东南隅。

弥陀寺　城东郭。

塔寺　城北门内，有古砖塔一十三级，高一十一丈。今罗什寺。

镇国寺　城北三十里，废，古碑存。

海藏寺　城北十里。

白塔寺　城东南五十里。

黄羊川寺　城东南一百三十里，崖有石佛高五丈，面西，左右有阿难、迦叶、观音、金刚，石龛小佛二十六。

大悲寺　城北七十里，废。

红寺　城东四十里，废。

白衣寺　城中，卫东。

观音寺　城东门外。

清应庵　大云寺西。

太清宫　城东南隅。

驿　传（〖附铺舍〗）

凉州卫，明制领驿五。内，武威驿额军八十名；其四各额六十名。武威驿额马骡八十匹、头，余俱六十匹、头。递运所六。内，武威递运所额夫六十名；其五各额五十名。武威递运所牛车六十只、辆，余俱四十只、辆。

我清朝制定，武威驿所军夫一百名。怀安、柔远、大河、靖边驿所，各军夫五十名。马匹牛车，各驿所俱无定额。其双塔递运所，经制未载。

武威驿　城东隅。军六十名，见在马骡四十二匹、头。

武威递运所　城西十里。夫四十名，见在牛车一十五只、辆。

怀安驿　城西五十里。军三十名，见在马三十四匹。

怀安递运所　在本驿堡内。夫二十名，见在牛车一十五只、辆。

柔远驿　城西九十里。军三十名，见在马三十五匹。

柔远递运所　在本驿堡内。夫二十名，见在牛车一十五只、辆。

大河驿　城东三十里。军三十名，见在马三十五匹。

大河递运所　在本驿堡内。夫二十名，见在牛车一十五只、辆。

靖边驿　城东八十里。军三十名，见在马骡三十二匹、头。

靖边递运所　在本驿堡内。夫二十名，见在牛车一十五只、辆。

双塔递运所　城东一百一十里。因经制未载，呈详，从安远制内议拨二十三名，见在牛车一十只、辆。

在城总铺　城西北隅。

十三里铺　去在城铺一十三里。

大河铺　去十三里铺一十七里。

河东铺　去大河铺一十五里。

五沟铺　去河东铺一十五里。

闫【阎】家沟铺　去五沟铺二十里。

双塔铺　去闫【阎】家沟铺一十里。

小桥铺　去双塔铺一十里。

双峰铺　去小桥铺一十里。

异【兴】盛铺　去双峰铺一十里。

完美铺　去异【兴】盛铺一十里。

延远铺　去完美铺一十里。

怀安铺　去延远铺一十里。

昌隆铺　去怀安铺一十里。

丰乐铺　去昌隆铺一十里。

新安铺　去丰乐铺一十里。

柔远铺　去新安铺一十里。

官师志

名　宦

凉州卫

汉

谷　永　字子云，长安人，御史大夫。成帝建始三年，日食，地震，以直言谏，出为安定太守，寻迁凉州刺史。后为大司农，卒。

杜　邺　字子夏，繁阳人。哀帝时为凉州刺史。

傅　育　北地人。明帝初，为临羌长，与将军马武等击羌，功冠诸军。及为武威太守，声闻于西彝。食禄数十年，秩俸赠给知友妻子，不免井臼。

窦　融　字周公，平陵人。更始时为张掖属国都尉。世任河西，吏民敬畏，推融行河西五郡大将军事。民俗质朴，而融政尚宽和，上下相亲，晏然富殖。修兵马，习战射，明烽燧。羌夷犯塞，融自将兵，诸郡相救。光武即位，迁【遣】使奉书献马，帝赐玺书，拜为凉州牧。八年，车驾西征隗嚣，融帅五郡步骑数万，帝待以殊礼。嚣大溃，降。帝高融，封为安丰侯。

任　延　字长孙，南阳宛人。拜武威太守，光武亲见，戎【戒】曰："善事上官，无失名誉。"对曰："履正奉公，臣子之节。善事上官，臣不敢奉诏。"帝叹息曰："卿言是也。"既至，将兵长史田绀子弟暴害，延收绀系之，父子宾客伏法者五六人。自是，威行境内，吏民畏息。

孔　奋　字君鱼，茂陵人。建武五年为姑臧长。天下扰乱，唯河西独安，称为富邑。在郡四年，财产无增。且天下未定，士多不修节操而奋力行清洁。或云"脂膏不能自润，徒益辛苦。"彼征，吏民及羌相谓曰："孔君清廉仁贤，蒙恩何不报德？"遂敛牛马器物千万，追送数百里，一无所受。至京，拜武都太守。为政明断甄善，疾非郡中，称为清平。

牛　邯　光武建武九年，司徒掾班彪上言："昔凉州部，皆有降羌，置护羌校尉，持节领护，岁时巡行，问所疾苦。今宜复旧，以明威防。"帝从之，以邯为护羌校尉。

窦　固　永平十五年，固尝从父融，在河西明习边事，乃以固为奉车都尉，同驸马耿秉将兵屯凉。十六年，分道击夷，斩首千余，追至蒲类海，取伊吾卢地置宜禾都尉，留吏士屯田。

种　暠　凉州刺史。百姓欢心，彼征，当乔迁，吏民诣关请留，乃许复留一年。

皮　阳　安帝时为凉州刺史。元初元年，羌断陇道，与零昌通谋。阳击于狄道，大败羌，死者八百余。

宗　汉　安帝时为凉州刺史。

赵　冲　顺帝时为武威太守。时，羌二千降，诏冲督四郡兵为【马】节度。汉安元年，以冲为护羌校尉。三年冬，冲击诸羌，获四万级。诏冲子为郎。复追于河阳，斩首八百。诸羌前后三万诣凉降。建康元年，追羌于建威鹯阴河，遇伏兵战没。冲虽身死，而前后多所斩获，羌由是衰耗。

皇甫规　字威明，安定朝那人。延熙【熹】中，举规为中郎将，持节监关西兵，讨叛羌，得级八百。诸羌慕规威信相欢，降者十余万。明年，规发骑兵讨陇右，而道路隔绝，军中大疫，死者十三四。规亲巡视将士，三军感悦，羌遂乞降，凉州复通。先是，刺史郭闳不遵法度规条，奏其罪。羌闻之，翕然反善，沈氏大豪十余万口请降。规后拜度辽将军。

苏正和　桓帝中平元年为凉州从事。初，武威太守倚恃权贵，咨【恣】行贪暴，正和按治其罪。刺史梁鹄欲杀和以自解，访于盖勋。勋素与正和有仇，或劝勋报之。勋曰："谋事杀良，非忠也；乘人之危，非仁也。"乃谏止之。

刘　虔　灵帝时为凉州刺史，蔡邕上封事，其四曰："刺史所以督察奸枉，分别黑白。伏见凉州刺史刘虔，有奉公嫉奸之心，余皆枉桡，不能称职。"

三　国

张　既　高陵人。魏文帝初，凉州卢水胡反，河西大乱。帝忧之，曰："非既莫能安凉州。"乃召刺史邹岐，以既代之。至金城渡河，贼拒于鹯阴口。既扬声军从鹯阴，乃潜由且次出至武威。胡以为神，引还显美。既据武威，遂前军显美。胡骑数千，因大风，欲放火烧营。既藏精兵三千为伏，余骑挑战。胡至，发伏兵，首尾进击，大破之。帝悦，诏曰："卿逾河历险，以劳击逸，以寡胜众，功过南仲，勤逾吉甫，非但破胡，且永宁河右，使吾长无西顾之念。"封西乡侯。

徐 邈 字景山，燕国人。魏明帝时为凉州刺史，持节领护羌校尉。河右少雨乏谷，邈上修武威、酒泉盐池，以收彝谷。又开水利，教民稼穑，家丰仓溢。立学校，禁厚葬，断淫祀，进善黜要【恶】，弹邪绳枉，风化大行。

范 粲 字承明，内黄人。太守武威，到郡选良吏，立学校，劝农桑。戎夷侵疆，粲明设防备，敌不敢犯。西域流通，无烽燧之警。

王 骏 扶风人。凉州都督，征西大将军。善抚御，有恩威。后，西土闻其薨，泣者盈路，百姓为之树碑，长者见碑无不下拜。

晋

马 隆 字孝兴，东平平陆人。武帝咸宁五年，凉州刺史杨欣为彝树机能所没。帝每有西顾之忧，临朝叹曰："谁能为我讨此彝、通凉州？"朝臣莫对。隆进曰："陛下能任臣，臣能平之。"晋主曰："必能平贼，何为不任？顾卿方略何如耳？"隆曰："愿募勇士三千，无问所从来。率之以西彝不足平也。"上许之为讨彝大将军。武威太守金曰："小将妄说。"上不听。隆募能引弓四钧、挽弩九石者取之，试得三千五百人。隆曰："足矣！"又请武库选兵杖。御史劾，主命惟隆所取，仍给三年军资。隆西渡，树机能以众数万，或据险，或设伏。隆乃依八阵图作偏箱【厢】车，地广则为鹿角车营，地狭则为木屋施于车上，且战且行，弓矢所及，应弦而倒。奇谋间发，贼以为神。转战千里，杀伤甚众。自隆至西，音绝断绝，上忧之，或谓已没。隆使至，晋主抚掌欢笑曰："若从诸卿谏，无凉州矣。"诏假节宣威将军。鲜卑帅万余来降，凉州遂平。

张　轨　字士彦，安定乌氏人。惠帝永宁元年，轨有阴据河西之志，故求为凉州刺史。鲜卑寇掠，轨讨破之，威著西土。帝遣使拜镇西将军，封霸成侯。遂据凉州，号前凉。

张　寔　字安逊，轨之子。为都督、刺史。帝建兴三年冬，凉州军士得玺，文曰："皇帝行玺"，献于寔，僚属皆贺。寔曰："是非人臣所得。"归之长安。

马　鲂　怀帝时凉州主簿。说张轨遣兵长安。

张　骏　张茂之子。赵以为凉州牧，僚属劝称三。骏曰："此非人臣所宜言。"建康九年以大将军。自嗣位，境内渐平，勤修庶政，总御文武，咸得其用，民富兵强，称为贤君。

谢　艾　穆帝时为凉州主簿。永和二年，赵攻凉州张重华，司马张犹荐其兼资文武，明识兵略，委以专征，必能歼凶。华召艾，问讨寇方略，艾对，以为中坚将军。后，果破赵兵，封福禄伯。诸宠恶其贤，谮之，乃出为酒泉太守。

范　晷　字彦长，南阳顺阳人。为凉州刺史。西土荒羌籍田桑，百姓困敝。晷倾心化道，劝以农桑，所部甚赖之。

张　淳　成帝时凉州治中。咸和八年，张骏欲假道于成主雄，通表建康。雄不许，骏乃遣淳称藩于成，以假道。雄伪许之，将使盗伏诸东硖。淳谓雄曰："寡君使小臣通诚于建康者，以陛下嘉尚忠义，能成人之美，故也。若杀臣，当斩之都市，宣示众目，义声远播，天下畏威。今使盗杀之江中，何足以示天下乎？"雄曰："安有此也？"厚为礼而遣之。淳卒，致命于建康。

孟　祎　安帝时为显美太守。元兴元年，南凉攻凉显美，克之被执。祎执义不降。

王　尚　安帝初，秦主兴征梁王，吕隆为散骑常待【侍】，以尚为凉州刺史。义熙二年，兴受秃发傉檀羊马为凉州刺史，征尚还。凉州人遣主簿胡威请留，不许。威见兴，泣言曰："臣州僻远，伏良牧仁政，保全至今。奈何以臣等贸羊马乎？今弃五郡以资暴鲁，恐为肝食之忧。"兴悔，使人驰止尚。则傉檀已军五涧，逼遣尚行矣。

宗　敞【敞】　安帝时为凉州别驾。时，秦主兴征王敞【尚】还，敞送还长安。傉檀谓曰："五【吾】得凉州三千余家，情之所寄，惟卿一人，奈何舍我去乎？"因问新政，敞曰："惠抚其民，收用贤俊。"因荐本州名士十余人。

掌　据　孝武时为凉将。太元元年，符【苻】秦伐凉州。遣据率众三万军于洪池以拒之。兵败，就帐西向稽首，伏剑而死。

梁　熙　孝武太元元年，符【苻】秦灭凉，以熙为凉州刺史，清俭爱民，河右安之。

司马望　持节都督凉州军事。在任八年，威化明肃。

南北朝

袁　翻　字景翔，陈郡项人。魏正光二年迁凉州刺史。时，蠕蠕阿那环、后主婆罗门并以国乱来降。朝廷问安置之策："今蠕蠕、婆罗，内为高车所讨，无复竖立。今高车独擅北陲，则西顾之忧，非旦伊夕。愚谓蠕蠕、婆罗二士，并宜存之。居阿那环于东偏，处婆罗门于西海。西海在酒泉北，去高车所居金山千余里，正北彝往来之冲，汉家行军之旧道。土地沃衍，大宜耕殖，非但今处婆罗门，于是为便，即可永为重戍，镇防西北。虽外为蠕蠕之声，内实防高车之策。一二年，足食足兵，斯安边保塞之长计也。高车射狼之心止，可外加优纳而复内备，所谓先有夺人之心者也。"朝议从之。

宋　颖　魏正光五年为凉州刺史。时，于菩提执颖据州反。颖密求救于吐谷浑伏连筹，自将救凉州。于菩提弃城走，杀之。城民复推颖为刺史。

史　宁　字永和，建康表氏人。魏大统十二年为凉州刺史。宁未至，而先任宇文仲和据州不受代，诏独孤信与宁讨之。至凉，为陈祸福，城中吏民率皆归独。和据城，袭擒之。咸曰："此中国神人也。"

于　寔　字宾实，洛阳人。魏恭帝二年，吐谷浑每为边患，大将军豆庐宁讨之，未克。令寔往，遂破之。太祖手书，劳问闵帝践祚，爵燕国公，进位柱国，以罪免。寻复本官凉州总管。弟智，亦凉总管。

韩　褒　字弘业，隶阳人。周太祖大统十二年，除都督、凉州刺史。羌胡俗轻贫弱，尚富豪。豪家侵渔小民，同于仆隶。故贫者日削，豪者益富。褒募贫民充兵，优复其家，蠲免徭赋。又调富人财物以赈。西域商货至，先尽贫者市之。于是贫富渐均，户口殷实。十六年，加大都督凉州诸军事。

索　敞　凉州自张氏以来，号为多士。牧健【犍】尤喜文学，敞与阚骃、张湛、刘昞、阴兴、宗钦、赵柔、程骏、程弘皆为之臣。魏灭凉，皆礼而用之。敞用中书博士。时尚武功，贵游子弟不以讲学为意。敞为博士十余年，勤于诱导，肃而有礼，贵戚严惮，多所成立。

隋

窦荣定　文帝开皇三年，定为秦州总管。命帅九总管步骑二万，与突厥阿波可汗战于凉州，阿波屡败。前大将军史万岁坐事配敦煌，诣军门，请自效。定遣人谓突厥曰："士卒何罪而杀之？但当各遣一壮士决胜负耳。"突厥遣一骑挑战，史万岁出，斩其首而还。突厥大惊，请盟而退。

樊子盖　字华宗，庐江人。炀帝时为武威太守，临民明察，下莫敢欺，以善政闻。官至光禄大夫，封侯公。以疾卒于东京。武威吏民闻其死，莫不嗟痛，立碑颂德。

唐

杨恭仁　武德二年为凉州总管。素习边事，晓羌胡情，伪民夷悦服。葱岭以东，并入朝贡。后拜吏部尚书、检校凉州诸军事。

李大亮　泾阳人。贞观三年为凉州都督。房玄龄每称有王陵、周勃之节。四年，西突厥落散在伊吾，以亮为西北道安抚大使，贮粮碛石〖军〗以赈之。大亮奏曰："河西州县萧条，不堪供亿，不如罢之。其或自立君长，求内属者，羁縻受之。使君塞外，为中国藩蔽。乃虚惠而收实利也。"太宗从之。

李　靖　贞观八年，吐谷浑数入塞，侵寇凉州。诏欲以靖为将，为其老重劳之。靖："行！"上大悦。以为大总管、节度诸军事。

郑仁恭　高宗龙朔二年，吐蕃、吐谷浑互相攻。上以仁恭等分屯凉、鄯，以备之。

唐　璿　字休璟，始平人。圣历中，授凉州都督、持节陇右诸军。时，吐蕃大将麹莽布支率骑数万寇凉州，入洪源谷。璿以兵数千临高望之，见贼旗铠鲜明，谓麾下曰："吐蕃自钦陵死、赞婆降，麹莽布支亲将兵示武，且其下皆贵豪，虽精不习战。吾为诸君取之。"乃被甲先登，六战皆克，斩二将，获彝二千五百，筑京观而还。中宗嗣圣十九年，吐蕃请和，既宴，使者屡窥璿。武后问之，对曰："洪源之战，是将军多杀臣士卒，其勇无比，愿识之。"后擢为右武威、金吾二卫大将军。

郭　震　字元振，魏州贵乡人。嗣圣十八年为凉州都督。初，凉境不过四百里，突厥、吐蕃岁至城下，百姓苦之。震始于南硖口筑和戎城，北境碛中置白亭军控制，遂阔城〖域〗千五百里。自是，寇不敢至城下。又令甘州刺史李汉通屯田，尽水陆之利，蓄粟麦，斛至数千文。至是，一缣籴数十斛，军粮支数十年。

萧　嵩　开元十四年，吐蕃陷瓜州，河陇大震。帝择堪任以嵩为河西节度使、判凉州事。嵩遣副将与吐蕃战祁连城下，自辰至晡，彝乃大溃，斩一将，彝哭震山谷。露布至帝，大悦。十五年，授嵩河西节度使。时，王君㚟新败，瓜州为吐蕃所陷，毁其城，河陇震。该嵩以裴宽为判官，与㚟、判官牛仙客，俱掌君【军】政，人心浸安。又奏张守珪为瓜州刺史，修复城市，收合流散。后，吐蕃少衰。

牛仙客　凉州别驾。在河西能节用度，勤职业，仓廪充实，器械精利，上深嘉之。

五代

陈延晖　天福七年，晋主遣持敕书诣凉州中，将吏请以为节度使。从之。

宋

丁惟清　太宗至道元年，以殿直往凉州市马。时，西境大稔，因为西人请留，故命知凉州府事。六年，李继迁寇，惟清死之。

元

帖睦儿补化　其先畏兀儿人，家于和杯山。元太祖时补化之先举国来归，功赞兴运。至补化，佐世祖理天下，为丞相、御史大夫，临大政，决大议，忧深思远，声容凝重。历事武宗、仁宗三世，皆封高昌王。

明

濮　英　指挥使。洪武十年，土官千户也。帖木儿叛攻凉州，英御之，获级千余。十三年，进右军都督府都督佥事，镇守陕西。

丁　刚　都指挥佥事，镇守凉州。永乐八年春，奉敕充骠骑将军。十一年夏，领军由铁门关征进至哈梅秃遇贼，斩小颜卜花而回。

慕弘义　旧名脱欢台，其先航海山人。永乐三年同吴都督前来凉州投降。秋八月赴京，赐名慕弘义，升永昌指挥同知。后屡著战功。十一年秋，升镇国将军都督同知。随驾充头哨引路，征撒里怯儿。

包胜广　德州人。永乐二年调骁骑右卫指挥使。四年，征交趾有功，升陕西行都司都指挥使，掌凉州卫印。

吴　升　乌江县人。由凤阳都指挥同知升陕西行都司都指挥使，掌凉州卫印。

聂　谦　江西广信府贵溪县人。永乐七年征交趾有功，调凉州卫指挥使。

李　晟　都指挥，任凉副协。天顺间御彝死之。

道　属（附原【员】额）

明洪武五年，宋国公冯胜领兵至河西时，凉州境内空虚。至九年，以兰州等卫官军守御凉州，始设凉州卫。后制【置】分守西宁道。

敕陕西布政司西宁道分守官：西宁、甘肃，地方广阔，粮草浩繁，难以一人管理。今特命尔在于凉州驻扎，不妨分守职务，监督庄、凉、永、镇、古浪各卫所仓粮，务在催征，以时收贮。如法兼管各该地方屯田、水利，严督该管官司，每岁趁时整理。如有各府、州、县、部运官吏人等，故违限期及私自侵欺花费，或收支官攒人等，通同虚出那【挪】移作弊。或无藉【籍】之徒兜揽诓骗、恣意打搅仓场，及官豪势要之家侵夺水利，妨废灌溉田苗者，文职六品以上并军旗人等，尔就彼拿送所在问刑衙门，依律问拟，照例发落。

于碍军职并文职五品以上，应参奏者具奏拿问。尔须持廉秉公，正己率下，务使下人警惧，奸弊革除，边储充积，水利通行。斯为尔能如或因循怠忽，废职误事，责有所归，尔其勉之、慎之。故敕。

戴 弁　江西浮梁人。

李 时　浙江义乌人，辛丑进士。

贾 璇　山西汾州人，庚戌进士。

耿继芳　直隶饶阳人，丙戌进士。

陈 璧　山西太谷人，壬戌进士。

陈 渭　四川江津人，己巳进士。

周 载　四川富顺人，庚戌进士。

王汝舟　四川华阳人，戊辰进士。

李 淮　山西闻喜人，辛未进士。

许凤翔　山西洪洞人，嘉靖八年任。

以上俱参议。

李茂元　河南卫籍归州人，以佥事任，进士。

孟 易　山东济宁人，辛巳进士。嘉靖十二年以参议任。

庞 浩　山西泽州人，进士。

周允中　山东金乡人，举人。

乔 英　直隶束鹿人，癸未进士。自许凤翔。

以下改署庄浪，移分巡佥事于凉州。至英，以参议兼理佥事员革复驻扎凉州。

以上俱参议。

及 宦　直隶交河人，甲戌进士。

以后俱参政。

马汝彰　河南汲县人，壬辰进士。

张 玺　直隶冀州人，丙戌进士。

江 东　山东朝城人，己丑进士。嘉靖二十六年任。

石　永　直隶威县人，壬戌进士，嘉靖二十九年任。
王汝楫　山东人。嘉靖三十三年任。
孟　淮　河南祥符人，戊戌进士，嘉靖三十四年任。
张　玭　山西蒲州人，乙未进士，嘉靖三十六年任。
吴天寿　宛平人，进士，嘉靖三十八年任。
王光祖　广平魏县人，丁丑进士，嘉靖四十年任。
黎尧勋　四川乐至人，乙未进士，嘉靖四十一年任。
李敏德　山西长治人，丁未进士，嘉靖四十二年任。
姚九功　山西襄垣人，丁未进士，嘉靖四十五年任。
沈应时　河南卫人，庚戌进士，隆庆元年任。
周国卿　锦衣卫人，庚戌进士，隆庆元年任。
梁明翰　山西孝义人，丁未进士，隆庆二年任。
张一霁　河南睢阳人，丙辰进士，隆庆五年任。
梅友松　四川内江人，乙丑进士，隆庆六年任。
赵　焞　山东平原人，乙丑进士，万历二年任。
张九一　河南新蔡人，癸丑进士，万历四年任。
李　汶　直隶任丘人，壬戌进士，万历六年任。
霍维苤　直隶曲州人，乙丑进士，万历九年任。
贾仁元　山西万全人，壬戌进士，万历十年任。
邓林乔　四川内江人，乙丑进士，万历十四年任。
袁弘德　直隶曲州人，戊辰进士，万历十五年任。
张思忠　直隶肥乡人，乙丑进士，万历十七年任。
田　乐　直隶任丘人，戊辰进士，万历二十年末任，升甘州巡抚。
李际春　湖广蕲州人，丁丑进士，万历二十年任。
周有光　山西荣河人，辛未进士，万历二十二年任。
郭万里　山西太平人，庚辰进士，万历二十三年任。

黄子美　山东曲阜人，庚辰进士，万历二十三年任。

张　蒲　河南偃师人，癸酉举人，万历二十六年任。

朱朝聘　临清人，进士，万历三十四年任。

祁光宗　直隶人，万历三十六年任。

李思恭　山东长清人，戊戌进士，万历四十一年任。

张之厚　湖广应城人，辛丑进士，万历四十四年任。

史树德　南直金坛人，戊戌进士，万历四十六年任。

孙鼎相　山西沁水人，戊戌进士，天启元年任。

杨俊臣　山西蒲州人，己卯举人，天启二年任。

冯　任　浙江慈溪人，丁未进士，天启三年任。

王顺行　河南通许人，庚辰进士，天启六年任。

陆卿任　南直武进人，己未进士，天启七年任。

宋祖舜　山东东平人，丙辰进士，崇祯元年任。

郑崇俭　山西乡宁人，丙辰进士，崇祯四年任。

车梦瑶　江西金溪人，壬戌进士，崇祯六年任。

旷　昭　四川遂宁人，乙卯举人，崇祯十年任。

郭　浣　河南新乡人，进士，崇祯十三年任。

陈　达　四川奉节人，举人，崇祯十三年任。

刘　胤　江西南昌人，举人，崇祯十五年任。

　　我大清定鼎，敕陕西布政司右参议苏铣，兹命尔分守西宁道，兼管马政。驻扎地方及管辖营堡卫所悉照旧例。当兹整顿维新之日，首在约束衙门官吏胥役，使之一遵法纪，无致作弊生事，扰害官民。监司本源既正，乃可表率属员，用循职业。务须操练兵马，甄别将领，修浚城池，积蓄粮饷。遇有寇贼生发，即申报巡抚，会同镇将，广设方略，戮力剿灭。务尽根株，必真心悔罪，弃戈归农，方准招抚。边外西海住牧部落，宜申饬将领，有司预加备御，如法安辑，期于内外宁谧。所部生熟番族，必抚治有方，恩威并用。俾诸番保聚获安，战马贡市毕集。甘肃虽称荒远，亦有水利可资。须招徕劝耕，以尽地利，严禁滥征侵占，使兵民乐业，户口日增。所属文武各官，有贪酷殃民，罢懦废事，应审问者，先行审问；应参奏者，转报督抚参奏。尔仍听总督、巡抚节制。年终将行过事宜，开送巡抚咨部察考。尔受兹委任，当持廉秉公，殚力宣猷，斯称厥职。如或贪黩成风，因循误事，责有所归，尔其慎之。故敕。

苏名世　直隶肥乡人，癸未进士，顺治二年以参议任。

张鹏翼　辽东籍昌平人，生员，顺治四年以参议任。殉难。

沈加显　河南河内人，甲戌进士，顺治五年以参议任。

李发藻　河南胙城人，癸未进士，顺治十年以参议任。告终养。

李生芳　河南武陟人，丙戌进士，顺治十年以参议任。升转怀来道。

苏　铣　直隶交河人，丙戌进士，顺治十二年以参议任。

凉州监屯同知（系巩昌府分署）

徐自砺　直隶大兴籍山东济南人，壬午举人，顺治元年任。

陈翼明　直隶元城人，壬午举人，顺治五年任。

俞惟斌　直隶大兴籍浙江金华人，廪监，顺治八年任。

刘源湛　河南新乡人，丁亥进士，顺治十一年任。

凉州副总兵

敕游击孙加印　兹命尔管陕西甘肃凉州副将事，统领经制官兵、分守凉州并黑松地方，驻扎凉州。兹地为甘镇中协吃紧要区，所属信地，照例管辖。自回变之后，营伍凋敝，军民罹苦。今地方甫定，亟需料理。绥戢尔宜整顿武备，修葺城池，训练兵马，抚御番族，尤须约束头目人等，恪遵纪律。毋令扰害农民，致起边衅。额内兵丁，皆要选补精强，勿容老弱糜饷。遇有寇警，即身先士卒，戮力剿捕。仍与庄浪、阿坝各将，须互为声援，不得自分彼此，致误军机。凡钱粮词讼，有司职掌，毋得干预。本折粮料，听巡抚兵备，计处支给。一切堵剿机宜，仍听督抚镇节制。尔受兹委任，当竭忠奋勇，奉公恤下，保障岩疆。如朘剥行伍，侵扰商民，闻调逗留，临阵退缩，宪典具存，必不姑宥。故敕。

毛　镔　原籍北直隶人。

刘友元　原籍榆林卫人，升任临巩总兵转甘肃总兵。

孙加印　陕西绥德卫人。

分守西宁道中军守备一员。

凉州营中军守备一员，千总二员，把总四员。

上古城堡守备一员。

张义堡守备一员。

高沟堡守备一员。

三岔堡防守一员。

炭山堡防守一员。

西把截堡防守一员。

凉州卫掌印兼理屯事守备一员，千总一员，百总一员。经历一员，儒学教授一员。广储仓大使一员，草场大使一员，税课局大使一员。在城武威驿驿丞一员，城东大河驿驿丞一员、靖边驿驿丞一员，城西怀安驿驿丞一员、柔远驿驿丞一员。

兵防志

军　制（附马匹）

凉州营　明额马兵八百三十九名，守兵一千六百八十一名；在营马一千二百九十五匹。我清朝制定马战兵四百名，步战兵二百名，步守兵六百名；〖在〗营马四百匹，官骑自备战坐马二十四匹。

道标营　明额马兵二百一十五名，守兵一百一名；在营马二百三十三匹。我清朝制定步守兵五十名，官骑自备战坐马二匹。

三岔堡　明额马兵一百七十名，守兵二百二十五名；在堡马一百一十七匹。我清朝制定步守兵一百一十名，内裁归肃属金塔寺堡八十名，止留三十名。

高沟堡　明额马兵一百二十五名，守兵一百七十四名；在堡马九十八匹。我清朝制定步守兵一百一十名，官骑自备战坐马四匹。

张义堡　明额马兵二十七名，守兵七十四名；在堡马四十三匹。我清朝制定步守兵八十名，官骑自备战坐马四匹。

上古城堡　明额马兵二十六名，守兵五十六名；在堡马三十四匹。我清朝制定步守兵八十名，官骑自备战坐马四匹。

炭山堡　明额马兵二十九名，守兵三十三名；在堡马二十九匹。我清朝制定步守兵八十名，内裁归肃属金塔寺堡五十名，止留三十名。

西把截堡　明额马兵二十三名，守兵一百一十二名；在堡马三十四匹。我清朝制定步守兵八十名。

又，明时凉属额设有兵马营堡。我清朝经制未定，附后。

靖边堡　明额马兵六十三名，守兵九十三名；在堡马六十三匹。今经制未载。

南把截堡　明额马兵六名，守兵七十一名；在堡马六匹。今经制未载。

宫家堡　明额马兵一十三名，守兵八十二名；在堡马一十四匹。今经制未载。

永安堡　明额马兵一十三名，守兵一百二名；在堡马一十三匹。今经制未载。

红砂堡　明额马兵二十二名，守兵一百三十九名；在堡马二十二匹。今经制未载。

青松堡　明额马兵一十名，守兵七十一名；在堡马一十匹。今经制未载。

重兴堡　明额马兵一十名，守兵三十六名；在堡马一十匹。今经制未载。

夹山岭堡　明额马兵一十六名，守兵五十七名；在堡马二十九匹，运水牛五只。今经制未载。

泗水堡　明额马兵一十四名，守兵五十五名；在堡马一十九匹。今经制未载。

西川堡　明额马兵六名，守兵四十一名；在堡马五匹。今经制未载。

永丰堡　明额马兵一十八名，守兵七十九名；在堡马一十八匹。今经制未载。

以上明时在营马匹，俱经末年倒失。

堡 寨

凉州卫所属堡寨

宁边堡　城东六十里。

靖边堡　城东七十里。

闫【阎】家堡　城东八十里。

乐安堡　城东五十里。

五沟堡　城东六十里。

张义堡　城东一百二十里。

杨房堡　城东八十五里。

大河堡　城东三十里。

十三里堡　城东十五里。

张清堡　城东三十里。

河东堡　城东五十里。

双塔堡　城东一百里。

头坝堡　城南三十里。

南校尉营堡　城南四十里。

上古城堡　城南五十里。

下古城堡　城南四十里。

赵闰堡　城东三十五里。

上双寨堡　城北三十里。

下双寨堡　城东北四十里。

王成堡　城北三十六里。

唐家营堡　城东四十里。

高沟堡　城东五十里。

新兴堡　城东十五里。

曾家堡　城东二十里。

定边堡　城东十五里。

双树堡　城东二十里。

南把截营堡　城南三十里。

花寨堡　城南二十里。

马蹄堡　城南三十里。

杨家堡　城北二十里。

金塔寺堡　城南二十里。

北校尉营堡　城北二十里。

深沟堡　城北二十里。

石羊堡　城北三十里。

张通堡　城北三十里。

永昌堡　城北三十里。

果园堡　城北四十里。

河西堡　城北四十里。

石桥堡　城北四十里。

三岔堡　城北五十里。

双城堡　城北六十里。

红墙堡　城北五十里。

陈春堡　城北七十里。

定西堡　城西六十里。

郑子玉堡　城北二十里。

延远堡　城西四十里。

武威堡　城西一十里。

永安堡　城西三十里。

丰乐堡　城西七十里。

柔远堡　城西九十里。

炭山堡　城西九十里。

昌隆堡　城西六十里。

高寺堡　城西四十里。

完美堡　城西三十里。

怀安堡　城西五十里。

怀西堡　城西六十里。

镇西堡　城西七十里。

西把截营堡　城西七十里。

永丰堡　城西四十里。

张斌堡　城北五十里。

中截堡　城西二十五里。

打【达】家寨　城东六十里。

袁真寨　城东十五里。

王仲寨　城东十五里。

蔡家寨　城东三十五里。

安林寨　城东五十里。

张林寨　城南五十里。

韩佐寨　城东南五十里。

唐洪寨　城东一十五里。

王景寨　城东六十里。

位【魏】佐寨　城北三十里。

陈大郎寨　城东十五里。

张玄寨　城南二十五里。

韩明寨　城西北六十里。

杨兴寨　城西北三十里。

佐明寨　城北五十里。

刘宦【官】寨　城北五十里。

石碑寨　城西北三十里。

王宦寨　城北五十里。

薛家寨　城北四十里。

鲁勉寨　城北六十里。

冯良寨　城西二十五里。

汪家寨　城东五十五里。

支家寨　城西北五十里。

校尉营　城南二十里。

红水头墩营　城东六十里。

红水七墩营　城北七十里。

红水上营　城东北七十里。

红水下营　城东北五十里。

土鲁干营　城南一百一十五里。

烽　墩

凉州营副总兵所辖境内东大路烽墩九座，安设守瞭兵九名。

东门楼墩

地字墩　离城五里。

黄字墩　离城一十三里。

宙字墩　离城十里。

荒字墩　离城三十里。

日字墩　离城三十五里。

盈字墩　离城四十里。

辰字墩　离城五十里。

列字墩　离城五十五里。

境内东北路烽墩二座，安设守瞭兵二名。

白墩儿墩　离城一十里。

曾家堡墩　离城二十里。

境内西大路烽墩一十三座，安设守瞭兵一十三名。

西门楼墩

寒字墩　离城五里。

来字墩　离城一十里。

往字墩　离城一十五里。

二十里铺墩　离城二十里。

冬字墩　离城二十五里。

三十里铺墩　离城三十里。

余字墩　离城三十五里。

四十里铺墩　离城四十里。

律字墩　离城四十五里。

调字墩　离城五十里。

云字墩　离城五十五里。

致字墩　离城六十里。

境内西北路烽墩九座，安设守瞭兵一十名。

瞭高楼墩

北门楼墩

观音堂墩　离城一十里。

石羊墩　离城二十五里。

王伏墩　离城二十里。

永昌堡墩　离城三十里。

小果园墩　离城四十里。

黄家寨墩　离城五十里。

南门楼墩

境外西山后口地方墩四座，安设深哨兵六名。

石墩　离城三百三十里。

秃葫芦墩　离城一百八十里。

车轮墩　离城一百二十里。

柳沟墩　离城二百四十里。

境外南山后口地方烽墩一座，安设守瞭兵二名。

中岭墩　离城九十里。

三岔堡境内沿边烽墩一十六座，安设守瞭兵一十六名。

岔字头墩　离堡四十五里。

岔字四墩　离堡四十里。

岔字六墩　离堡三十八里。

岔字八墩　离堡三十六里。

岔字十墩　离堡三十四里。

岔字十二墩　离堡三十二里。

岔字十四墩　离堡三十里。

岔字十五墩　离堡二十八里。

岔字十七墩　离堡二十七里。

岔字十九墩　离堡二十六里。

岔字二十一墩　离堡二十里。

岔字二十三墩　离堡一十八里。

岔字二十五墩　离堡一十七里。

岔字二十六墩　离堡一十五里。

岔字二十八墩　离堡一十四里。

岔字三十墩　离堡一十二里。

境内沿边无兵守瞭烽墩一十四座，因奉裁归，不足安设。

岔字二墩　离堡四十三里。

岔字三墩　离堡四十一里。

岔字五墩　离堡三十八里。

岔字七墩　离堡三十四里。

岔字九墩　离堡三十里。

岔字十一墩　离堡二十八里。

岔字十三墩　　离堡二十六里。

岔字十六墩　　离堡二十四里。

岔字十八墩　　离堡二十二里。

岔字二十墩　　离堡二十里。

岔字二十二墩　　离堡一十八里。

岔字二十四墩　　离堡一十六里。

岔字二十七墩　　离堡一十四里。

岔字二十九墩　　离堡一十三里。

境内南北大路烽墩五座，安设守瞭兵五名。

半截墩　　离堡一十里。

南腰墩　　离本堡五里。

北腰墩　　离本堡五里。

月牙墩　　离堡一十里。

本堡墩

境外极冲烽墩一座，安设守瞭兵一名。

团湖儿墩　　离堡二十八里。

高沟堡境内沿边烽墩二十座，安设守瞭兵二十名。

靖字八墩　　离堡五十五里。

靖字九墩　　离堡五十里。

靖字十墩　　离堡四十五里。

高字一墩　　离堡四十里。

高字二墩　　离堡三十五里。

高字三墩　　离堡三十里。

高字四墩　　离堡二十五里。

高字五墩　　离堡二十里。

高字六墩　　离堡一十五里。

高字七墩　　离堡一十里。

高字八墩　离本堡七里。

高字九墩　离本堡五里。

高字十墩　离本堡八里。

高字十一墩　离堡一十二里。

高字十二墩　离堡一十五里。

高字十三墩　离堡二十里。

高字十四墩　离堡二十五里。

高字十五墩　离堡三十里。

高字十六墩　离堡三十三里。

高字十七墩　离堡三十五里。

境内大路烽墩二座，安设守瞭兵二名。

本堡墩

中沙墩　离堡一十五里。

境外冲墩二座，安设守瞭兵二名。

旧二墩　离堡二十五里。

新二墩　离堡二十里。

张义堡境内烽墩八座，安设守瞭兵八名。

本堡墩

西沟墩　离堡二十里。

石嘴墩　离本堡五里。

大佛寺墩　离堡二十里。

二坝腰墩　离堡四十五里。

三坝腰墩　离堡五十里。

靖边堡墩　离堡六十里。

柴烟墩　离堡五十五里。

境外冲墩九座，安设守瞭兵一十八名。

红腰岘墩　离堡一百六十里。

三岔儿墩　离堡一百四十里。

白土打班墩　离堡一百一十里。

新打班墩　离堡一百里。

小打班墩　离堡八十里。

干柴窊墩　离堡六十里。

孤山墩　离堡四十里。

青土腰岘墩　离堡八十里。

稳都刺墩　离堡六十里。

上古城堡境内烽墩一十座，安设守瞭兵一十名。

西山顶墩　离堡八十里。

毛打班墩　离堡五十里。

小盘道墩　离堡二十里。

尖山顶墩　离本堡五里。

狼沟口墩　离堡一十里。

张林沟墩　离堡二十里。

狼沟顶墩　离堡四十里。

红崖墩　离堡二十里。

塔二【儿】沟墩　离堡一十里。

本堡墩

西把截堡境内烽墩三座，安设守瞭兵三名。

白土坡墩　离堡一十里。

石磊儿墩　离堡二十里。

闇门墩　离堡二十五里。

境外冲墩九座，安设守瞭兵一十八名。

双打班墩　离堡二十里。

车轮墩　离堡四十里。

柴阿博墩　离堡八十里。

秃葫芦墩　离堡一百一十里。

石墩　离堡二百里。

柳沟墩　离堡一百三十里。

龙滩墩　离堡一百里。

白塔儿墩　离堡六十里。

五沟湾墩　离堡三十里。

炭山堡境内烽墩八座，安设守瞭兵八名。

界牌腰墩　离堡一十五里。

刚字大墩　离堡二十里。

玉字墩　离堡二十五里。

为字墩　离堡四十里。

金字墩　离堡三十五里。

丽字墩　离堡三十里。

露字墩　离堡四十五里。

大口子墩　离本堡八里。

境外冲墩四座，安设瞭哨兵八名。

西孤山墩　离堡一十八里。

黑沟口墩　离堡一百三十里。

横梁山墩　离堡六十里。

西打班墩　离堡四十五里。

隘　口

凉州副总兵所辖境外西山后〖口〗地方六处，安设深哨兵九名。

黑沟口　离城二百五十里。

龙滩口　离城一百八十里。

石碑沟口　离城一百五十里。

藏经脑　离城二百九十里。

牛心山　离城一百九十里。

四沟坪　离城九十里。

境外南山后口地方七处，安设深哨兵一十三名。

天池口　离城一百七十里。

白水口　离城五十里。

冰沟柞口　离城六十里。

倘哥儿口　离城九十里。

石嘴柞口　离城三十里。

托力麻阿博　离城一百三十里。

牛心山官壕　离城一百五十里。

高沟堡境外水头一处，安设深哨兵二名。

十三个井　离堡一百八十五里。

张义堡境外隘口四处，安设深哨兵八名。

黑茨沟口　离堡二百里。

术麻沟口　离堡一百八十里。

宽沟口　离堡一百二十里。

柞子沟口　离堡四十里。

上古城堡境外隘口地方八处，安设深哨兵一十六名。

红沟口　离堡二百里。

卯藏柞口　离堡一百二十里。

牛头阿博　离堡二百五十里。

红沟脑　离堡二百二十里。

七个草窝铺　离堡一百八十里。

花山　离堡一百六十里。

朵兰兔儿　离堡一百四十里。

马头阿博　离堡一百里。

西把截堡境外水头三处，安设深哨兵六名。

黑沟口　离堡一百四十里。

水磨沟　离堡一百二十里。

藏经口　离堡一百三十里。

戎　器

凉州卫派办　西安府七分熟铁四千二百五十斤，生漆一十二斤八两，熟铜四两，牛筋三十一斤，青布八十五丈六尺，麻布三十六丈六尺，麻子油九两六钱，鹅翎七千二百枝【支】，白布一百七十一丈二尺，鱼鳔二十二斤，麻皮一斤，水胶五斤，清油七斤，硼砂一两二钱，白锡一十一斤，蜜陀僧一斤八两，生丝七斤一十二两，生丝线一斤，桐油一十三斤，烟煤八两，黄丹八斤，钢铁三十二斤八两，黄蜡二斤，猪油三十斤，无名异一十二两，牛角弓面一百六十片。

本卫　三分弓胎木一百六十块，刀鞘木八十片，箭杆二千四百枝【支】，羊粉皮八张，牛皮二十四张，铳箭杆八百枝【支】。

额造　每岁按季额造盔八十顶，甲八十副，弓八十张，弦一百六十条，刀八十把，箭二千四百枝【支】，撒袋八十副，铳箭八百枝【支】。

以上岁造军器物料废自明时。今无。

凉州卫

岁计志

户　口

凉州卫，明洪武中，户五千四百八十，口三万九千八百一十五。嘉靖中，户二千六百九十三，口九千三百五十四。并另册永、镇、古各卫所。虽明嘉靖年间计有户口，历唐宋至元明，因河西远处穷荒，天寒、霜、旱，地冷，人拙，男不商，女不织，五谷少产。其编审丁徭，故从来盖未及遐域。

我大清顺治五年五月内，奉文编审人丁，群黎一闻，通未经见之事，拥门泣诉，警惶失趾。道员参议沈加显即绎详代民请免。河西当大变之后，急救生民，以固根本。窃惟普天之下莫非王土，率土之滨莫非王臣。有一处不罹幅员，便非同风；有一民不归版图，即属梗化。今日审编之举，天语煌煌。凡为臣子，自当夙夜奉行，以仰副圣意。但国家之神威，宜张而不宜弛；百年之元气，需缓而不需骤。以从古不经见之事，俄举于一旦，嗤嗤小民，未有不相顾失色如今日者。语曰："非常之原，黎民惧焉。"诚慎之也。况河西流沙瘠国，频年以来，闯逆蹂躏，回变杀掳。罹其锋者，成刀头之鬼；遭其毒者，如几上之肉。且也，左番右彝，七国杂处，中间一线，穷民于腹里迥若霄壤。今日供兵，明日输饷。征川之六百人，仅存者百无一二；运甘之五千石，应派者野无余家。甲也，典妻完官，望之惨目。乙也，鬻子助国，闻者酸心。以致深山穷谷之中，攒眉相向；官衙肆市之间，拥道而泣。不曰广幅员，则曰重有所繁苦；不曰收版图，则曰别有所征调。若此役不罢，无力者迫而思逃，有力者挺【铤】而走险，亦时势之必然者。嗟嗟！摘瓜而抱其蔓，樊圃之良士尚且不为，岂浩浩如天之皇仁，多求于里闬，而不思为吉凶同患地耶？官斯地者，熟睹此情形，不急为百姓呼吁，是何异秦人之视越人，不加肥瘠，于其心忍乎不忍乎？伏恳宪台，或径自题请，或婉转达部。庶则壤之制定缓一日，民安一日之生；轻徭之惠行宽一分，民受一分之赐。行看阴骘万代，胜造无量浮屠。况宪台下车甫周岁，仁存法外，清畏人知，何时不为民，何念不为民？

　　本道为朝廷臣子，叨宪台属吏，敢不仰体高厚，抱杞人之忧，绘郑侠之图，敬事后食之谓何？更祈轸念民瘼，俯赐允俞，社稷幸甚！封疆幸甚！军民幸甚！具呈甘肃都御史周，达部讫。

　　十三年二月内，又奉编审人丁、稽查隐匿一行，无论山谷市野之百姓，皆俯首攒眉，恐悸不已。任凉参议苏铣，念切极塞荒残穷黎，缮详为民代吁。切【窃】照河西五郡，设在穷荒之际，天寒地冷，遇夏而有霜，未秋而有雪，逢灾而有雹。不产丝棉，不产五谷，艰苦莫甚，大非腹里可比。自汉开以来，环野皆山，仅择可耕之地，令军且耕且战，以为皇图之右臂。其后，军不能兼耕，所以招民代耕，以供军饷之半。后因催纳不前，仍议京运、民运，以供其半。后招商运纳盐粮，以供其半。历唐至宋至元，无非为西土义【久】安计，实未有向西土求裕计也。今屡奉严文，编造人丁以裕国用。切【窃】思人丁乃国用之本也。人丁富，则国用裕；未有人丁，贫而能裕国用者？且闻能保人丁，则安乡重家，犹愈于国用；未有人丁，不自保，危乡轻家，而国用从何以裕者？庙堂此议，不过以编造之说，寓稽查隐匿之法，未必实以裕为言也。如目击此象，必为之绘图而上艰难矣！况从欲以治，古帝所垂；因民所利，至圣之训。何为以享太平之民，翻作受扰之众？何为变历代经久之规，以拂下民之情？

本道莅任之始，屡据绅衿士民控词不一，念此一事实安危治乱之所关也！再四申请抚部院恳题咨部矣。适宪台按临之始，又百姓疾苦得伸之日，祈宏施旋乾转坤之力，转达天庭，恳免编丁，庶百姓幸甚！封疆幸甚！遂呈请直指聂，都宪周、佟，备述艰苦，题咨免编，倘邀皇恩，皆三台赐亿兆万世之休矣。

地　粮（附从省关领折饷）

凉州卫，顺治二年额征屯科垦学召种藩勋地一万二千一百八顷七十三亩六分六厘五毫，屯种垦学召种藩勋粮四万三千七百九十一石八斗五升五合，屯科垦勋旧例草三十二万六千一百九十四束七厘八毫。内豁免屯科垦藩抛荒地六百四十二顷五十六亩九分二厘八毫，屯科垦藩粮二千一百五十六石一斗一升八合五勺三抄，屯科垦草一万六千八百九十八束一分六毫。陆续劝民新垦过地五百六顷七十七亩六分七毫，粮一千二百七石一斗一升二合三勺三抄，草一万九百一十二束九厘五毫五丝。

十四年，实征屯科垦学召种藩勋地一万一千九百七十二顷九十四亩三分四厘四毫，屯科垦粮三万八千六百六十石七斗九升七合八勺，每石外随征马粮五升。学召废藩粮二千八百六石四斗四升一合，例不征马粮草束。勋臣粮一千三百七十五石七斗，例不征马粮。屯科垦勋草三十二万二百八束六厘七毫五丝。废藩丁徭树水租银四百五十四两八钱一分。四卫所招商运纳盐粮五万五千。引今无。

明季颁发太仓京运银五万三千一十二两四钱五分。后末年奉减止，实发银三万六千九百一十六两四钱五分。又，西汉凤巩四府属征解民运银八万一千五百七十八两七钱零。又额派西安府冬衣布花银六千一十四两七钱零。

我清朝改归布政司，按制设兵马，每岁约领银四万六千四百九十两零。

马　粮

凉州卫，顺治十四年随屯科垦粮每石外征五升，额马粮一千九百三十三石三升九合八勺九抄。

课　税

凉州卫，顺治十三年额征盐课银一百三十七两八钱八厘，油磨课银二百六两五钱二分，当税银一百二十两，岁无定额商货税银八百二两四钱九分二厘，甘草、大黄税银三十六两六钱六分，畜税银二百三十三两七钱七分八厘，地税银一百三十二两七钱五分四厘六毫八丝，猪、羊架税银九两七钱七厘，藩勋房磨课银四十八两二钱二分一厘。

支　放

凉州营马步战守兵粮饷，每岁本折兼支本色粮一万二百石，折色银一万二百两。

道标营守兵粮饷，每岁本折兼支本色粮三百石，折色银三百两。

高沟堡守兵粮饷，每岁本折兼支本色粮六百六十石，折色银六百六十两。

张义堡守兵粮饷，每岁本折兼支本色粮四百八十石，折色银四百八十两。

上古城堡守兵粮饷，每岁本折兼支本色粮四百八十石，折色银四百八十两。

三岔堡守兵粮饷，每岁本折兼支本色粮一百八十石，折色银一百八十两。

炭山堡守兵粮饷，每岁本折兼支本色粮一百八十石，折色银一百八十两。

西把截堡守兵粮饷，每岁本折兼支本色粮四百八十石，折色银四百八十两。

驿所军夫粮饷，每岁本折兼支本色粮三千六百石，折色银三千六百两。

凉永镇古四卫所掌印守备、千百总、经历、教授、仓场局司、大使吏目、驿丞官役俸食，岁支银二千八百两七钱二分八厘，额在布政司存留下剩经费内关领。

各营路堡副参、守备、千把总等官俸红及道下各役工食，岁支银三千七百二十六两八钱六分八厘八毫，在于本地各税草价内关支。

凉永镇三学廪生，岁支粮二百四十石四升八合。凉永镇三卫春秋祭丁银八十一两六钱八分，在本地草价内支。凉永镇三学岁考生员花币、笔墨、赏纸、试卷、场内安置果饼等价约银一百三十九两四钱零，在草价内动给。三卫岁贡赴京廷试约银三十九两，在草价内动给。三卫有中式文举赴京会试路费每名银三十两，武举每名一十五两，在草价内动给。三卫科考生员每名赴省应试路费银八两，在草价内动给。

凉州营营坐马，岁支春冬料二千二百八十九石六斗，新例草一十五万二千六百四十束，夏秋干银一千二百七十二两。

道标营官坐马，岁支春冬料一十石八斗，新例草七百二十束，夏秋干银六两。

高沟堡官坐马，岁支春冬料二十一石六斗，新例草一千四百四十束，夏秋干银一十二两。

张义堡官坐马，岁支春冬料二十一石六斗，新例草一千四百四十束，夏秋干银一十二两。

上古城堡官坐马，岁支春冬料二十一石六斗，新例草一千四百四十束，夏秋干银一十二两。

驿马原无定额，照依见在常支料三千四百八十八石四斗，新例草二十三万二千五百六十束。

所牛原无定额，照依见在常支料一千一百五十二石，新例草五万七千六百束。

人物志

乡　贤

凉州卫

汉

段　颎　字纯【纪】明，武威姑臧人。郑共叔段之后，西域都护段会宗之从曾孙。少习弓马，尚游侠，轻财好学。举孝廉，为阳陵令；有能名，迁辽东属国都尉。鲜卑犯塞，颎率兵悉斩获之。与皇甫威明、张然明，皆知名显达，当时称为"凉州三明"。泰山贼三万余〖寇〗，颎大破斩之，获首万余，封列侯，迁护羌校尉。烧当等八种寇陇西、金城，颎将兵大破之，斩首豪二千，获生口万余。时诸羌势盛，凉州几亡。颎战自春及秋，虏遂败，斩首二万三千，获生口数万人，畜八百万头，降者万余落，封都乡侯。颎爱士卒，与同苦乐，皆乐为死。征还，拜侍中转执金吾。颎曲意宦官，保其富贵，迁太尉。会曰【日】食。司隶校尉阳球奏诛王甫。及颎，就狱中诘责，颎遂饮鸩死，家属徙边。

三国

贾　诩　字文和，武威人。少时阎忠异之，谓有良、平之奇。初察孝廉为郎，后董卓入洛阳，诩为平津都尉。卓败，诩为李傕、郭汜【氾】等谋西攻长安。傕等封侯欲官，诩不受。张绣与刘表连和。魏太祖北征，引军退之。诩料绣必败。令复追，仍料其必胜。其言皆验。太祖拒袁绍于官渡，诩劝绣归曹。太祖喜，表诩执金吾，封都亭侯。袁绍围太祖于官渡，太祖用诩计并兵出围之以败绍，河北遂平。太祖后与韩遂、马超战于渭南，用诩谋，卒破遂、超。时，文帝为五官将，而临缁【淄】侯植才名方盛，有夺嫡之志。诩劝文帝不违子道；又以袁伯初、刘景升父子讽太祖，太子遂定。诩自以非太祖旧臣而策谋深长，惧见猜嫌，阖门自守，男女嫁娶，不结高门，当时论智计者归之。

晋

贾　疋　武威人，诩曾孙。怀帝时为雍州刺史，封酒泉君公。尝击败刘曜。袭凉州刺史彭仲荡，杀之。后为仲荡子天护所害。疋勇略有志节，以复晋汉为己任。不幸颠坠，时人咸痛惜之。

南北朝

阴子春　字幼文，武威姑臧人。晋义熙末，曾祖袭随宋武帝南迁至南平因家焉。父智伯，与武帝邻居，少相友善。见帝卧有赤光成五色，因握帝手曰："公后非人臣也！天下方乱，安苍生者，岂在君乎？"帝曰："幸勿多言。"及帝践位，拜梁、秦二州刺史。

阴　铿　字子坚，子春子。五岁能诵诗赋曰千言。及长，博涉史传，尤善五言诗，为当时所重。元嘉中，为始兴王录事参军。陈文帝尝燕【宴】群臣赋诗，徐陵言之于帝，即日诏铿与燕【宴】，使赋新成安乐宫诗，铿援笔立就。帝甚赏之。累迁晋陵太乎【守】员外、散骑常侍。

阴仲达　武威姑臧人。少以文学知名。世祖平凉州，内徙代郡。司徒崔浩启仲达与段承根同修国史，除秘书著作郎。卒。

段承根　武威姑臧人。好学机辨，有文思而性行疏薄，有始无终。司徒崔浩见而奇之，与同郡阴仲达俱被浩引以为凉土文华才堪著述，言之太祖并请为著作郎。引与同事，世咸重承根文，甚为敦煌公李实所敬。

贾　彝　武威姑臧人。父为符【苻】坚巨鹿太守，坐讪谤击狱。彝年十岁，诣长安讼父冤获伸，远近叹之。弱冠为慕容垂辽西王农记室参军。魏道武闻其名，常遣使求彝。及即位，拜为尚书左丞相，参预国政。

索　敞　凉州自张氏以来，号为多士。牧犍尤喜文学，敞与阚骃、张湛、刘昞、阴兴、宗钦、赵柔、程骏、程弘皆为之臣。及魏灭凉，魏主皆礼而用之。敞则以为中书博士。时，魏方尚武功，贵游子弟不以讲学为意。敞为博士十余年，勤于诱导，肃而有礼，贵游严惮，多所成立。

段　荣　姑臧人。祖信，以豪族徙家五原郡。荣好历术，专意星象。后魏正光中，谓人曰："吾今观天象，察人事，不及十年，当荐乱矣。"及齐神武起兵，荣赞成之，论功封姑臧县侯。

段　韶　荣子。有将领才略，以武明皇后甥齐神武益器爱之。韶袭父爵，事神武文襄，加广平郡公，出总军旅，入参帷幄，功高望重。又教训子弟，闺门雍睦。事后母以孝闻。齐代勋贵，罕有及者。

隋

阴　寿　武威人。少果烈，有武干。文帝尝遣韦孝宽击尉迟迥，命寿监军。时，孝宽有疾，不能亲总戎事，三军纲纪皆断决于寿。以功进位上柱国，拜幽州总管，封赵郡公。

阴世师　寿子。性忠厚，多武艺，以功臣子拜仪同。炀帝即位，拜张掖太守。甚为戎狄所惮。后迁左翊卫将军，与代王留守京师。唐兵至，世师自以世荷隋恩，拒守不下，见杀。

唐

安兴贵　武德三年仕长安，表请说凉王李轨，唐主乃遣之。兴贵至，乘间说轨曰："今唐殆天启，非人力也。若往归之，则窦融之功，复见于今日矣。"轨曰："吾据山河之固，彼若我何？"兴贵退，与弟修仁阴结诸胡起兵击轨，轨败婴城自守。兴贵狥曰："大唐遣我来诛李轨，敢助之者夷三族。"城中人争出。轨计穷，兴贵执之。及闻河西悉平，唐主以兴贵、修仁为左右武侯大将军。

段平仲　武威人。擢进士第，为监察御史。有气节，正直敢言。德宗春秋高，躬自听断。平仲对及，由是坐废。元和初，为谏议大夫，再迁尚书左丞。朝廷有得失，未尝不论奏。

李抱玉　本安兴贵曾孙，世居河西。为人沉毅有谋，李光弼引为裨校，累有战功。安禄山乱，抱玉上言："世居凉州，耻与逆臣共宗。"诏赐姓李，官至司空兼兵部尚书加山南西道副元帅。卒，赠太保。

李抱真　抱玉从弟。沉虑能断，抱玉属以军事。代宗时，授泽潞节度副使。抱真以山东有变，上党为兵冲，乃籍民户召丁，给弓矢习射三年，皆为精兵。遂雄视山东步兵，为诸道最。田悦反，抱真战走之。又说王武俊共破朱滔，累官检校司空。

李　益　字君虞，武威姑臧人。

元

余阙 武威人，徙庐州。少丧父，授徒【徒】养母。元统初，赐进士及第，历翰林修撰，待制。至〖正〗中，盗起，以阙为都元帅府佥事，分兵守安庆。到官十日，寇至，却之。集将吏议屯田战守，计环境，筑堡砦，选精甲，外捍而田其中。明年，大饥，人相食，捐俸为粥以食。且请钞三万锭，以赈贫民。十五年，大熟，得粮三万斛，乃浚隍增陴，表里完固。盗环布四外，阙居其中，屹然为江淮一保障。时，池州贼赵胜来攻，连战三日败去。再至，相持二十日，又退。胜又引青巾两道俱至，战月余，又败走。陈友谅自上流而下，阙遣兵扼之观音桥而饶之祝。寇又攻西门，阙拒，却之。贼并兵来攻，又却之。贼患甚，乃树栅、起飞楼，分攻三门。阙以孤军血战，身被十余枪。日中，城陷火起。阙知不可为，遂引刀自刎，堕清水塘中。妻、子女皆赴井死。贼义之，求尸塘中，具衣冠葬之西门外。事闻，赠功臣平章政事，封豳国公，谥"忠宣"。阙尝修辽、金、宋三史，而于五经皆有传注。为文淳古有气，诗尚江左，高视鲍谢、徐庾，以下不论也。为篆籀亦工。及安庆归附，圣祖嘉其忠，诏立庙忠节，切命有司，岁时致祭。

斡栾 北庭人。厥祖哈剌，本畏兀儿国人。自元太祖起兵四年，辅翼其主来归居于永昌，故世为永昌巨族。斡栾久居政府，聪明典重，通达国体，扬历中外，令闻孔彰，縣置省舍人，历官平章政事。元危素撰碑尚存。

明

吴永诚 名把都帖木儿，航海山人。永乐三年来归附，遂为凉州人，授骠骑将军、都督佥事，赐名吴永诚。后屡立战功，封恭顺伯。

吴管者 永诚子。历官都指挥同知。洪熙初，封广义伯。

毛　忠　字允诚，扒里扒沙人。国初，大父自武威归附至忠，累立奇功，历升伯爵。有白金文绮蟒衣、玉带、明甲、凤翅盔、绣春刀之赐。成化戊子，固原土达满四叛，命忠往，讨贼于砲架山，与其孙铠等奋勇死战几十余合，矢尽，俱死之。讣闻，宪宗皇帝震悼，嘉汉之锡券，赠侯，子孙世袭伯爵。弘治乙卯，孝宗追录公勋，建祠甘州，赐额"武勇"，春秋致祭。又建忠义坊。

吴克忠　永诚子。袭恭顺伯。洪熙初，加恭顺侯、太子太保。宣德初，从征北虏，与其弟克勤力战而没。追封邠国公，谥"壮勇"。

徐　谦　历官都督，三佩总兵官印。然夤缘逆瑾大肆凶狡，尝与兰州知州构隙，因诬逮，监察分巡俱谪戍。后，瑾伏诛，谦竟漏网。论者谓："天道亦爽矣！"

李　义　历官都督，镇守宁夏。

杨　佑　历官副总兵，协守甘肃。

徐　威　历官庄浪参将。

张　达　由行伍历官总兵，镇守山西、固原、延绥。

陈　钦　历官宣府参将。

魏　庆　由行武历官总兵，镇守山西。

唐　勇　历官游击。

达　云　历官总兵，镇守甘肃，恢复松山。加太子太保。秋防，病卒。谥"英烈武侯"。赐祭葬。

忠　烈

汉

苏　武　字子卿，武功人。汉天汉元年，以中郎将使持节送鲁使归。单于欲降武不可，置武大窖中，绝饮食。天雨雪，武卧啮雪与毡毛并咽之，数日不死，匈奴以为神，乃徙北海上牧羝。昭帝即位，遣使求武，佯言天子射上林，得雁足系帛，知武所在。单于惊，始还武及其官属尚在者常惠等九人。始元六年春，武至京师，拜典属国。今镇番有苏武山，遂相传为武牧羊之地云。

元

余　阙　武威人，徙庐州。少丧父，授徒以养母。元统初，赐进士及第，授同知泗州事。历翰林修撰、待制。至正中，盗起，以阙为都元帅府佥事，分兵守安庆，俄升都元帅。论保障功拜淮南行省参政，仍守安庆。群盗四集，以孤军血战，城陷，自刎。妻子皆赴井死。

明

吴克忠　宣德初，与其弟克勤从征北虏死之。谥"壮勇"。

吴克勤　谥"僖敏"。

毛　忠　字允诚，抓里抓沙人。明初，大父自武威归附至忠，累立奇功，历升伯爵。成化戊子，固原土达满四叛。命忠往讨贼，与其孙铠等奋勇死战，矢尽，俱死。锡券，赠侯，子孙世袭伯爵。建祠建坊，春秋致祭。

脱脱卜花　永昌卫土人。明永乐八年，土达兀马儿等谋叛，卜花发奸驰报。贼闻，执其妻子，掠其财畜。卜花未免，自刎。嘉其忠，特升其子孙以功赐赵姓，历升指挥。

李　晟　凉州协副。景泰中，北套犯边，力战死之。

刘　林　凉州卫百户。洪武十年二月，也先帖木儿等攻掠凉州，御于土台，力战而死。今称其台曰"刘林台"。

严　玺　凉州人，操守古浪。正德六年，因卫送行客，猝过番寇，战死。事闻，赐祠。

我大清

庞胤奇　陕西靖远卫人，委署镇番营中军。时顺治六年六月内，鲁从地名南边长沙窝出犯，奋勇力战，没于杀场。

郭弘恩　古浪人。并子生员郭宗尧商谋剿回，众寡不侔，骂贼俱死。

节　孝

明

张　氏　凉州卫人。张雄女，适本卫千户蔡栋生子方五月，夫以公差没。张年二十七，誓死守节，养姑马氏备至。嘉靖中，奏闻旌表。

我大清

郭怀忠　凉州卫贡生。侍父病，亲尝汤药，尽子道。绕棺守墓，孝心纯至，呈请旌表。

邢国勋　凉州卫人。忧母病笃，割股疗亲，孝道可嘉，呈请旌表。

甲　第

进士

明

天顺庚辰李锐　凉州卫人，任刑部主事。

乡　试

举人

明

景泰庚午庞质　凉州卫人。

癸酉王桓　凉州卫人。

丙子李衍　凉州卫人，任山西吉州训导。

王　谦　凉州卫人。

天顺己卯孙谊　凉州卫人。

乙酉胡英　凉州卫人，就教历升四川潼川知州。

天启丁卯冯云路　凉州卫人，历升山东东昌府同知。

高岐凤　天启元年选贡。初任睢宁县知县，升南京兵部郎中。后升南京督粮道副使，敕封中宪大夫。

流　寓

汉

马　援　茂陵人。少有大志。王莽末，避地凉州。隗嚣以为绥德将军。后归汉，拜伏波将军。

马　融　字季长，扶风茂陵人也。将作大匠严之子。为人美辞，貌有俊才。永初二年，大将军邓骘闻融名，召为舍人，非其好也，遂不应命，客于凉州、武都、汉阳界中。会羌虏飙起，边方扰乱，米谷踊贵，自关以西道殣相望。既饥困，乃悔而叹息，谓其友人曰："古人有言，左手据天下之图，右手刎其喉。愚夫不为所以然者，生贵于天下也。今以曲俗咫尺之羞，灭无资之躯，殆非老庄所谓也。"故，往应骘召。

刘　般　字伯兴，宣帝之玄孙也。般数岁而孤，独与母居。王莽败，天下乱。太夫人闻更始即位，乃将般俱奔长安。会更始败，复与般转侧兵革中，西行上陇，遂流至武威。般虽尚少而笃志修行，讲诵不怠。其母及诸舅以为身寄绝域，死生未必，不宜苦精若此，数以晓般，般犹不改其业。

南北朝

常　爽　河内人。世寓凉州，不受礼命，魏主以为宣威将军。爽置馆于温水之右，教授七百余人，立赏罚之科，弟子事之如严君。由是，魏之儒风始振。

胡　叟　安定人。往从牧犍，不甚重之。叟谓程弘曰："贵主居僻陋之国而淫名僭礼，以小事大而心不纯一，外慕仁义而实无道德，其亡可翘足而待也。"后，魏主灭凉，人以为先识。

明

丁　昂　吴人。洪武间谪戍凉州，不详何官。观其所著《凉州赋》自叙之词，则为京朝侍从可知。

仙　释

晋

法　成　凉州人。十六出家学经律，不饵五谷，惟食慈脂。居山岩穴，习禅后，有小疾。乃告人曰："我死矣。"明日，合掌而卒。

昙无识【谶】　北凉沮渠世于姑臧，译《大方》等集经三十卷。

慧　嵩　北凉沮渠，世与昙无识【谶】于姑臧译《大般涅槃经》四十卷。

刘摩诃　北凉沮渠蒙逊时，西求仙，死于酒泉，骨化为珠，血化为丹。祷者往往获珠丹焉。

明

失剌臧卜 凉州人，住菩提寺，有戒行。永乐七年，太宗召至南京鸡鸣寺讲经。

永昌卫

地里志

沿　革

永昌卫，春秋战国为西戎地。秦属陇西郡。汉初为〖匈奴〗浑邪王右地，武帝令霍去病将万骑出陇西，执浑邪王，置鸾鸟县，属武威郡。光武时，窦融以河西五郡归汉地亦因之。晋魏以后，沿及北凉，属姑臧。唐置大斗军（唐制，兵之戍边者，大曰"军"，小曰"守捉"、曰"城"、曰"镇"，而总之者曰"道"），属凉州。宋初为西凉府地，景德初为西夏李元昊所据。元灭夏，仍为西凉府，至元十五年，立为永昌路。明洪武三年，宋国公冯胜统兵平定河西，因立为永昌卫。我清朝因之。

疆　里

永昌卫疆域　东抵凉州，西接山丹，北连胡境，南距番族。广一百八十里，袤五百八十里。

里至　东至凉州柔远驿七十里，西至山丹石硖口驿一百一十里，南至雪山一百八十里，北至脱欢山四百里，东北至镇番卫三百二十里，西北至山丹卫一百九十里，东南至土鲁干山口一百八十里，西南至北石崖一百八十里。

山　川

永昌卫，面雪岭之峰，背金川之水，云川经其西，涧水绕其东，控扼甘凉，屹为雄镇（《雍大记》）。

雪山　城南一百八十里。一名祁连山，与凉州南山联络。时虽炎夏，积雪不消。

青松山　城西八十里。又名大黄山、焉支山，盖一山而连跨数处。

金山　城北二十里。又在故昌松县南丽水出焉。

南山　城南二十里。俗名照面山。

马蹄山　城东北二十五里。山下巨石有马蹄，故名。

脱欢山　城北四百里。

炭山　城东南二十里。出石炭。

摩天岭　城南七十里。

亥母山洞　城北二十里。山洞有石佛，岩生树数株，青翠可爱，叶可为茶，实亦可食。

牧羊川　城北三十里。

水磨川　城西二十里，又名云川，其源自鸾鸟出平羌脑儿都山口，出以水急流能转石磨，故名。流经城东北合三岔河。

野马川　城西南境外。

蹇占口河　城南三十里，又名涧水。源出雪山，流经此山口分为渠。

考来河　城西南八十里，流入水磨川河。

可可河　城西南境外。

大通河　城南境外。

暖泉　城西南三十五里。二穴涌出，四时常温，东北流入水磨川河。一在城东三十里，一在城西一里。

一碗泉　城西四十里。

鹿泉　城西北一百里。

矮鹿泉　城东北七十里。

茅草泉　城北六十里。

高泉　城北，境外四百三十里。

马跑泉　城北，境外三百一十里。

赤纳泉　城东北，境外五百里。

平泉　城东北二百六十里。

双泉　城西北二百里，又名双井。

乱井　城西北境外。

孙家井　城西北九十里。

红井　城西境外。

九个井　城北境外。

白盐池　城北境外，产盐如雪。

青盐池　城东北，连亘镇番地界。

硝池　城北八十里。

水 利（附桥梁）

永昌卫

水磨川河渠　城西南三十里，发源鸾鸟山，经流城东与三岔河合，冬夏不竭。引碓碾，注田畴，资利甚博。

小河西坝　城西五十里。

小河东坝　城西十里。

北坝渠　城北三里。

南坝渠　城南十里。

牧羊川坝　城北三十里。

沙南坝　城东五十里。

乌牛坝　城东一百五十里。

河南坝　城西南五十里。

河西坝　城西五十里。

大黄山头坝渠　城西一百里。

大黄山二坝渠　城西八十里。

以上各渠坝，俱引水延灌民田。

塞占口头坝渠　城东二十里，又名涧水，源出雪山，流经塞占山口，分为九渠，延灌民田。

二坝渠　城东二十里。

三坝渠　城东三十五里。

四坝渠　城东四十里。

五坝渠　城东五十里。

六坝渠　城东五十五里。

七坝渠　城东六十里。

八坝渠　城东六十五里。

九坝渠　城东七十里。

塞占河桥　城东五十里。

十里桥　城东一十里。

四坝桥　城东二十五里。

六坝桥　城东四十里。

五里桥　城西一十五里。

水磨川桥　城西二十五里。

红庙儿桥　城西三十六里。

重岗桥　城西三十里。

风　俗

永昌卫，人性质朴，尚武少文（《总志》），人事慷慨（《翰墨全书》），士风刚毅（《本志》）。

古　迹（附坟墓，非名贤不录）

永昌卫

斡耳朵古城　城东南一百二十里。俗传为元永昌王牧马城。

金吕城　城北二十里，地名金川，即《方舆胜览》所载晋马隆筑金吕城，依于金吕山者是也。

破古城　城北，与昌宁寨相近。

沙金城　城西南境外番地。

避暑宫　城南一百二十里，地名黄【皇】城儿，译语谓斡耳朵城。俗传元永昌王避暑于此，其遗址尚存。

高昌王墓　城北二十五里圣容寺之次有古墓，相传为高昌王墓。

永昌王墓　城东南一百二十里，地名斡耳朵城，俗传元宗室永昌王葬处。其西又有一墓，俗呼为娘娘坟，意其妃墓。今无所考。

建置志

城　垣

永昌卫　旧名鸾鸟县，又名永昌路。明朝改立卫所，内设守备一员钤理。宣德年因套彝阿儿厮兔占据西海，永昌迤南始有海彝，遂有甘肃游击统各卫兵马三千在此轮戍。后北彝款贡，守备权轻，不能弹压，于万历元年题准，将游击改为参将守备，移住宁远。我清定鼎，西海有黄台吉等部落住牧内地，时刁抢民畜，兵马擐甲提防，殆无虚日，最称冲险。旧有土城，明洪武二十四年，指挥张杰增筑，共七里二百三十步，高三丈六尺，厚二丈九尺，为门四，城楼南北各一，逻铺三十有二，月城四，池深一丈二尺，阔二丈三尺。成化八年，增筑月城各一，关厢连南城门。

水泉堡一座，周围二百八十丈，高二丈五尺，厚一丈，开城门二座。

宁远堡一座，周围二百六十丈，高二丈五尺，厚一丈，开城门一座。

高古城堡一座，周围二百一十丈，高二丈五尺，厚一丈，开城门一座。

永宁堡一座，周围三百二十丈，高三丈，厚一丈，开城门一座。

真景堡一座，周围一百八十丈，高二丈，厚八尺，开城门二座。

水磨川堡一座，周围一百八十丈，高二丈，厚八尺，开城门一座。

公　署

永昌卫

察院　南城内。明嘉靖八年，御史胡明善因旧院隘陋，废广禅寺为之。

永昌卫　在城中，内附经历司。

参将府　城南隅。

永昌仓　城东南隅。

草场　城北隅。

演武场　东门外。

学　校

永昌卫学　城东北隅。明成化四年，都御史徐廷璋重建，明副使郑安征记于侍讲江朝宗文。多不载。

敬一亭。

泮池。

坛　壝

永昌卫

社稷坛　城西北〖二〗里。

风云雷雨山川坛　城南一里。

厉坛　城北一里。

祠　祀（附寺观）

永昌卫

宣圣庙　明伦堂前。

启圣祠　文庙东。

城隍庙　城西南隅。

旗纛庙　城南隅。

马神庙　城南隅。

龙王庙　城西五十里。

忠节祠　城南郭，以旧地藏寺改建。祀汉武威太守任延、凉州刺史种暠、武威太守梁统，唐大斗副使哥舒翰，明指挥马骏、张杰，阵亡都指挥邬佐、郭宪，指挥孙琦、孙琛、王瑾、喻松【礼】、宋经、孙仁，镇抚杨林、陈杰，百户韩得、董忠、王忠、管锐、于真、宋真、孙缙、高经、彭谦。

文昌祠　文庙东。

汉壮侯祠　有二。一在城东南隅，一在城西九十里古城凹路北。

金川寺　有二。一在城北一里；一在城北十里，名后金川寺。

圣容寺　城北二十里。

雷庄寺　城南五十里。

土佛寺　城东二十里。

佑善观　城东南隅。

古峰庵　城西北四十里金山上，有泉清，令四时不竭。

驿　传（附铺舍）

永昌卫，明制领驿递各三。每驿所内水泉、真景各额军夫一百一十名，马骡六十匹、头，牛车四十只、辆；水磨川额军夫一百五名，马骡五十五匹、头，牛车四十只、辆。

我清朝制定，永昌驿所军夫一百名，水泉驿所军夫五十名。各驿所马匹牛车，俱无定额。其真景、水磨川驿所，经制未载。

永昌驿　在本城，军六十名，见在马三十七匹。

水泉驿　城西六十里。军三十名，见在马三十八匹。

水泉递运所　在本驿堡内，夫二十名，见在牛车一十五只、辆。

真景递运所　城东二十里。因经制未载，呈详议拨永昌制定夫二十名，见在牛车一十只、辆。

水磨川递运所　城西二十里。因经制未载，呈详议拨永昌制定夫二十名，牛车一十只、辆。

乐善总铺　在城南关厢。

崇仁铺　去乐善总铺东一十里。

真景铺　去崇仁铺一十里。

通津铺　去真景铺一十里。

宣德铺　去通津铺一十里。

乐善铺　去宣德铺一十里。

清溪铺　去乐善铺一十里。

尚义铺　去乐善总铺西一十里。

云川铺　去尚义铺一十里。

重岗铺　去云川铺一十里。

金川铺　去重岗铺一十里。

永宁铺　去金川铺一十里。

安峪铺　去永宁铺一十里。

宁远铺　去安峪铺一十里。

平源铺　去宁远铺一十里。

官师志

名　宦

永昌卫

唐

哥舒翰　本王忠嗣部将。天宝六载为大斗军副史【使】。每岁碛石军麦熟，吐蕃来获之。翰先伏兵于其侧，虏至，断后，夹击之，无一人得返，不敢复来。天宝七年，以为陇右节度使。由是，吐蕃不敢近青海。

明

张　杰　洪武中任指挥佥事，开设建置，其功最多。

马　骏　永乐八年任指挥使，镇守境界宁肃。

孙　琦　永乐八年，与彝寇力战死之，诏赐祭粮、钞、布。

孙　琛　琦弟。宣德七年以正千户与彝搏战，单骑追赶，没于阵。

喻　礼　永乐八年任指挥，镇守永昌。

宋　忠　都指挥，宣德守备地方，多营造之绩。

道　属（附员额）

永昌参将

于成恩　原籍北直隶人。

陈应举　原籍北直隶河涧府人。

李子玉　原籍北直隶顺天府人。

赵　亮　原籍榆林卫人。升任浙江金山营参将。

秦弘猷　辽东沈阳人。

永昌营中军守备一员，千总一员，把总二员。

宁远堡守备一员。

水泉堡守备一员。

永宁堡防守一员。

高古城堡防守一员。

永昌卫掌印兼理屯事守备一员，千总一员，百总一员，经历一员，儒学教授一员，在城永昌驿驿丞一员，城西水泉驿驿丞一员。

兵防志

军　制（附马匹）

永昌营　明额马兵四百四十九名，守兵九百三十三名；在营马五百六匹。我清朝制定马战兵二百名，步战兵一百名，步守兵四百名；〖在〗营马二百匹，官骑自备战坐马一十六匹。

宁远堡　明额马兵七十一名，守兵二百五十二名；在堡马九十三匹。我清朝制定步守兵一百四十名，官骑自备战坐马四匹。

水泉堡　明额马兵一百四名，守兵一百二十二名；在堡马四十四匹。我清朝制定步守兵一百四十名，官骑自备战坐马四匹。

高古城堡　明额马兵一十三名，守兵一百七名；在堡马一十三匹。我清朝制定步守兵八十名，内裁归甘属黑城堡五十名，止留三十名。

永宁堡　明额马兵一百八十五名，守兵三百七十四名；在堡马一百六匹。我清朝制定步守兵五十名。

堡　寨

永昌卫所属堡寨

真景堡　城东二十里。

乐善堡　城东四十里。

八坝堡　城东六十里。

九坝堡　城东六十五里。

俞保儿堡　城东北四十里。

花寨儿堡　城东北四十里。

头坝堡　城南三十里。

永安堡　城南四十五里。

汤吕堡　城东北一百三十里。

朱王堡　城东北一百四十里。

陈仓堡　城东北一百四十里。

永宁堡　城东北一百二十里。

新城堡　城东北一百五十里。

董家堡　城东北一里【百】五十里。

郑家堡　城东北一百六十里。

宫家堡　城东北一百五十里。

牧羊川河西堡　城北三十里。

河东堡　城北四十里。

宁远堡　城北七十里。

水磨川堡　城西二十里。

红庙儿堡　城西二十里。

金川堡　城西四十里。

王秀堡　城西五十里。

水泉堡　城西七十里。

毛卜剌堡　城西四十里。

塔儿湾堡　城西四十里。

高古城堡　城西七十里。

屯兴堡　城西六十里。

新城堡　城西南七十里。

北古城堡　城西四十里。

姚家寨　城西六十里。

青山寨　城北七十里。

宗家寨　城西四十里。

梅家寨　城东北一百三十里。

杜家寨　城东北一百一十里。

五坝寨　城南四十里。

四坝寨　城南三十里。

朱家寨　城南四十里。

唐家寨　城东北四十里。

崔家寨　城东北三十里。

校尉营　城南六十里。

烽　墩

永昌营参将所辖境内东西大路烽墩一十三座，安设守瞭兵二十六名。

东五里墩　离城五里。

东十里墩　离城一十里。

东十五里墩　离城一十五里。

东真景墩　离城二十里。

真景腰墩　离城东二十五里。

东三十里墩　离城三十里。

西五里墩　离城五里。

西十里墩　离城一十里。

西十五里〖墩〗　离城一十五里。

水磨川墩　离城西二十里。

红庙儿墩　离城二十五里。

重岗铺墩　离城三十里。

西桥儿墩　离城三十五里。

境内沿山烽墩七座，安设守瞭兵一十四名。

占占口墩　离城三十里。

甘沟口墩　离城三十五里。

照面山墩　离城四十里。

者撒口墩　离城三十里。

滚石沟墩　离城四十里。

罩子山墩　离城三十五里。

横梁山墩　离城二十五里。

境内沿边烽墩七座，安设守瞭兵一十四名。

教场山墩　离城五里。

郭家寺墩　离城一十里。

老鹳窝墩　离城二十里。

红羊圈墩　离城三十里。

上閤门墩　离城四十里。

下閤门墩　离城三十五里。

青红腰岘墩　离城四十五里。

迤南境外冲墩一十一座，安设守瞭兵二十二名。

四沟打班墩　离城五十里。

六沟打班墩　离城六十里。

杆杖打班墩　离城六十里。

蝉头窝铺墩　离城九十里。

威远墩　离城一百二十里。

水关口墩　离城二百里。

一颗【棵】树墩　离城二百三十里。

酸茨河墩　离城二百五十里。

鸾鸟口墩　离城二百三十里。

平羌口墩　离城二百六十里。

五龙五池墩　离城二百六十里。

迤北境外冲墩六座，安设守瞭兵一十二名。

车路口墩　离城六十里。

孙家井墩　离城五十里。

鹿泉墩　离城八十里。

土打班墩　离城一百二十里。

三岔口墩　离城一百五十里。

草打班墩　离城一百八十里。

清制未载永安堡境内北大路烽墩八座，安设永昌营守瞭兵一十六名。

本堡墩

五坝墩　离堡二十五里。

乐善铺墩　离堡三十里。

乐善腰墩　离堡二十里。

乐丰铺墩　离堡二十里。

孙家腰墩　离堡二十五里。

八坝堡墩　离堡二十五里。

九坝腰墩　离堡三十里。

境内沿山烽墩四座，安设守瞭兵八名。

三坝口墩　离堡二十里。

石门子墩　离堡五里。

石头沟墩　离堡五十里。

小口子墩　离堡二十五里。

迤南境外冲墩六座，安设永昌营守瞭兵一十二名。

黑沟口墩　离堡一百里。

石脑儿墩　离堡七十里。

起龙沟墩　离堡五十里。

东打班墩　离堡三十里。

西打班墩　离堡三十里。

寺儿沟墩　离堡一十里。

水泉堡境内中路烽墩一十二座，安设守瞭兵一十二名。

金川大墩　离堡三十八里。

金川腰墩　离堡三十五里。

空心墩　离堡三十三里。

平坡墩　离堡一十五里。

王秀铺墩　离堡三十里。

八里河墩　离堡一十里。

东五里墩　离堡五里。

东三里墩　离堡三里。

安峪墩　离堡一十五里。

西三里墩　离堡三里。

西五里墩　离本堡五里。

在城墩

境内沿边次冲墩三座，安设守瞭兵三名。

中闇门墩　离堡七里。

西闇门墩　离堡六里。

北泉墩　离本堡五里。

沿边冲墩一十座，安设守瞭兵二十名。

宋家庄墩　离堡二十里。

中泉墩　离堡五里。

赵他什墩　离堡一十二里。

长山岭墩　离堡九里。

石嘴儿墩　离堡一十五里。

柴山墩　离堡八里。

石磊儿墩　离堡一十二里。

药草沟墩　离堡九十五里。

平源铺墩　离堡五十里。

古城窊墩　离堡二十五里。

迤西境外冲墩三座，安设守瞭兵六名。

茄莲打班墩　离堡二十里。

新添墩　离堡三十里。

俞家嘴墩　离堡三十里。

高古城堡境内烽墩一十座，安设守瞭兵一十名。

新城堡墩　离堡三十里。

屯兴堡墩　离堡二十里。

馒头山大墩　离堡一十五里。

马鞍山墩　离堡一十里。

压腰山墩　离堡三十里。

红山嘴墩　离堡四十里。

暖泉墩　离堡三十里。

茄莲打班墩　离堡五十里。

夹河墩　离堡一十里。

本堡墩

境内缺守墩二十座，因奉裁兵不足安设。

石头沟墩　离堡四十里。

小松山墩　离堡四十里。

九条岭墩　离堡五十里。

十三盘墩　离堡四十里。

土沟墩　离堡一十里。

罗家庄墩　离堡一十里。

孙家槽墩　离堡二十里。

孤山滩墩　离堡八十里。

牛家沟墩　离本堡五里。

西干河墩　离堡一百二十里。

黑土窊墩　离堡一十里。

插箭打班墩　离堡六十里。

芦草沟墩　离堡六十里。

白石崖墩　离堡八十里。

长草沟墩　离堡一百一十里。

双古城窊墩　离堡七十里。

木柞泉墩　离堡九十里。

大阿博墩　离堡一百里。

西石门墩　　离堡八十里。

东打班墩　　离堡八十里。

境外冲墩五座。安设守瞭兵一十名。

中马路墩　　离堡四十里。

寒鸦口墩　　离堡七十里。

大河口墩　　离堡八十里。

西打班墩　　离堡六十里。

马营沟墩　　离堡五十里。

永宁堡境内烽墩三座，安设守瞭兵六名。

本堡墩

俞家铺墩　　离堡一百三十里。

白烟墩　　离堡一十里。

沿边烽墩五座，安设守瞭兵一十名。

狼洞口墩　　离堡一十五里。

添池墩　　离堡五十五里。

高崖子墩　　离堡八十里。

三个塔儿墩　　离堡一百里。

喇叭泉墩　　离堡一百一十五里。

境外冲墩四座，安设守瞭兵八名。

破山口墩　　离堡二十里。

齐头山墩　　离堡一百一十五里。

红崖子墩　　离堡二十五里。

东黑山墩　　离堡八十五里。

宁远堡境内沿边烽墩一十二座，安设守瞭兵二十四名。

西柞子墩　　离堡三十五里。

蒋家庄墩　　离堡二十八里。

蒋家腰墩　　离堡二十五里。

中闇门墩　离堡二十五里。

花寨子墩　离堡三十里。

王家口墩　离堡四十五里。

大沙沟墩　离堡五十里。

范家庄墩　离堡五十五里。

古浪沟墩　离堡六十里。

狼洞儿墩　离堡七十里。

石嘴子墩　离堡八十里。

童六【陆】庄墩　离堡八十里。

中塘烽墩一十座，安设守瞭兵一十名。

大尖山墩　离堡二十里。

马营墩　离堡二十里。

茨口子墩　离堡一十五里。

石灰磘墩　离堡一十里。

瞭高山墩　离堡一十里。

矮芦泉墩　离堡三十里。

滑石口墩　离堡四十里。

铁山嘴墩　离堡四十里。

赵家庄墩　离堡二十里。

本堡墩

迤北境外冲墩九座，安设守瞭兵一十八名。

架砲嘴墩　离堡二十里。

高崖子墩　离堡四十里。

黄毛沟墩　离堡七十里。

安远墩　离堡一百里。

昌宁墩　离堡一百五里。

黑水墩　离堡一百二十里。

高寺儿墩　离堡一百二十五里。

新庄子墩　离堡三十五里。

寺儿沟墩　离堡一百七十里。

隘　口

永昌营参将所辖南山后口地方水头二处，安设深哨兵六名。

三角城　离城五百里。

西夹河口　离城四百五十里。

境外北山后口地方水头一处，安设深哨兵四名。

石昌口　离城二百三十里。

水泉堡迤北境外隘口七处，水头一处，安设深哨兵一十六名。

韭菜口　离堡五十里。

西山口　离堡六十里。

十五里口　离堡一十五里。

大白箕笈【芨芨】口　离堡二十里。

小白箕笈【芨芨】口　离堡四十里。

红井腰岘　离堡六十里。

盘道山　离堡三十里。

石昌水头　离堡一百八十里。

高古城堡境外隘口二处，安设深哨兵四名。

白石崖口　离堡一百二十里。

大黄山大口　离堡五十里。

永宁堡境外水头一处，安设深哨兵二名。

梧桐地方　离堡二百四十里。

宁远堡境外隘口水头三处，安设深哨兵六名。

石昌口　离堡九十里。

芦沟套　离堡五十里。

榆树沟　离堡三十里。

戎　器

永昌卫派办　西安府七分牛筋六十四斤，牛角弓面三百二十块，生丝线二斤，蜜陀僧八斤八两，熟铁八千八百五十斤，白布三百四十二丈四尺，钢铁七十一斤，麻布五十七丈六尺，白锡二十三斤，鹅翎一万四千四百枝【支】，无名异四斤四两，鱼鳔四十四斤，红铜八两，黄丝一十五斤十两六钱，麻皮一斤，黄丹三十一斤，清麻油一十五斤三两二钱，硼砂二两四钱，烟煤六斤，水胶二十五斤一十二两，生漆二十五斤，滕【藤】黄六两四钱，猪油六十斤，桐油六十八斤，官粉一斤八两，青布一百七十一丈二尺，心【猩】红五斤一两二钱八分，黄蜡四斤。

本卫　三分牛皮八十张，羊粉皮七十张，弓胎木一百六十块，箭杆四千八百枝【支】，铳箭杆一千六百枝【支】，枪杆木一百六十条，刀鞘板三百二十片。

额造　每岁按季额造盔四十顶，甲四十副，弓四十张，弦八十条，刀四十把，箭一千三百枝【支】，撒袋四十副，铳箭四百枝【支】，长枪四十条。

以上岁造军器物料废自明时。今无。

岁计志

户　口

永昌卫，明洪武中，户五千六百七十五，口一万五千二百七十。

地　粮

永昌卫，顺治二年额征屯科垦禄地五千九百四十四顷四十七亩七分，屯科垦禄召学水粮一万一千九百七石五斗八合一勺，屯科垦禄旧例草一十一万四千五百四十四束三分八厘一毫。内豁免抛荒屯科垦地九百八十一顷五十五亩四分五厘，屯科垦粮一千五百九十三石二斗一升一合四勺，屯科垦草一万五千九百三十二束一分一厘四毫。陆续劝民新垦过地三百三十七顷五十四亩五分四厘七毫，粮四百九十七石七斗九升，草四千九百七十七束九分。

十四年，实征屯科垦禄地五千三百顷四十六亩七分九厘七毫，屯科垦粮一万二百四十七石二升六合八勺，每石外随征马粮五升。召学无地水粮四百五十三石七升，例不征马粮草束。废藩禄粮一百一十一石九斗八升九合九勺，例不征马粮。屯科垦禄草一十万三千八百九十束一分六厘七毫。废藩地租银一十二两。

马　粮

永昌卫，顺治十四年随屯科垦粮每石外征五升，额马粮五百一十三石三斗五升一合三勺四抄。

课　税

永昌卫，顺治十三年额征油磨课银五十二两七钱一分，当税银一十五两，岁无定额畜税银一十二两一钱七分六厘，地税银一十九两七钱四分八厘一毫。

支　放

永昌营马步战守兵粮饷，每岁本折兼支本色粮五千七百石，折色银五千七百两。

宁远堡守兵粮饷，每岁本折兼支本色粮八百四十石，折色银八百四十两。

水泉堡守兵粮饷，每岁本折兼支本色粮八百四十石，折色银八百四十两。

高古城堡守兵粮饷，每岁本折兼支本色粮一百八十石，折色银一百八十两。

永宁堡守兵粮饷，每岁本折兼支本色粮三百石，折色银三百两。

永昌营营坐马岁支春冬料一千一百六十六石四斗，新例草七万七千七百六十束，夏秋干银六百四十八两。

宁远堡官坐马岁支春冬料二十一石六斗，新例草一千四百四十束，夏秋干银一十二两。

水泉堡官坐马岁支春冬料二十一石六斗，新例草一千四百四十束，夏秋干银一十二两。

人物志

乡　贤

永昌卫

元【明】

脱脱卜花　永昌卫土人。永乐八年春，土达兀马儿沙等谋叛。卜花发其奸，驰报甘州总镇。贼闻而执其妻子，掠其财畜。卜花度弗免，自刎而死。事闻，上嘉其忠，特升其子好帖木儿任本卫所镇抚。其孙朵尔只，正统九年以功赐赵姓，历升指挥佥事。

胡执礼　本卫人。嘉靖己未进士，历官尚书。卒，赐祭葬。

王心学　天启甲子举人，钦取，赠河南按察司副使。

孝　行

大清

赵陛俊　永昌卫学生员。忧父病月余不起，割膊肉引药得愈。足称孝道，呈请旌奖。

甲　第

进士

明嘉靖己未胡执礼　永昌卫人，历升户部尚书。

天启壬戌王懋学　永昌卫人，任户部主事。

崇祯癸未曹毓芬　永昌卫人，任河南项城知县。

乡　试

举人

明天顺己卯严明　永昌卫人，任河南孟县知县。

万历辛卯沈再思　永昌卫人，历升河南岢岚知州。

乙酉许天印　永昌卫人，未出仕。

天启甲子胡有年　永昌卫人，任户部司务。

王心学　永昌卫人，历升河南禹州知州。

镇番卫

地里志

沿　革

镇番卫，春秋战国为西戎地。秦及汉为〖匈奴〗右地（《汉书·旧地志》云：武威郡东北有休屠泽，古今【文】以为潴野。《禹贡》曰："原隰底绩，至于潴野。"即凉州姑臧县也。今镇番多草湖水泽之地，名丽泽，又休屠泽，东北流入白海，其潴野之谓乎？按：《凉州志》云：姑臧在城北即武威递运所，未知孰是？大抵镇番去武威几三百里，亦其县境也。按：《魏史》李顺使凉州十二返，谓魏主曰："姑臧城南天梯山积雪丈余，春夏消释下流成川，居民仰以溉灌。彼闻军至，决此渠口，水必乏绝，人马饥渴，难以久留。"崔浩曰："史称凉州之畜为天下饶。若无水草，畜何以蕃？"今按：天梯山在凉州城南八十里，则镇番非姑臧可知）。汉武帝开边，筑休屠县，建北部都尉，属武威郡。东汉因之。晋以后为后凉吕氏将杨轨所据，遂归后凉。宋为夏元昊所据。元为小河滩城。元季兵兴，惟存空城。

明洪武二十九年开设镇番卫。我清朝因之。

疆　里

镇番卫疆域　东连宁夏，南接凉州，西距昌盛，北界沙漠。广七百里，袤四百一十里。

里至　东至宁夏界沙河六百里，西至永昌卫昌宁堡一百里，南至凉州三岔河一百三十里，北至亦不剌山二百八十里，东南至庄浪卫四百九十里，东北至鱼海子二百八十里，西南至永昌卫三百二十里，西北至亦集乃一千二百五十五里。

山　川

镇番卫，西北拱来伏之岫，东南峙苏武之山，左带小河，右连永昌。实穷荒之要地，凉州之藩篱（《总志》）。

来伏山　城西八十里。地接境外，其山脊高首俛，遥拱卫治，如拜伏之状，故名。

苏武山　城东南三十里。俗传汉中郎将军苏武牧羊之处。山之右有苏武庙址（按：汉史彝鲁徙武北海上，使牧羝。《正议》云：北海即上海。《今志》云：小河水流入白海。又，胡地有居延海及镇夷，亦载苏武台。俱未知孰是）。

黑山　城西南六十里，有关。

亦不剌山　城北二百八十里境外。

阿剌鹊山　城南三十里，连接苏武山。

红崖子山　城西南七十里。山赤色，因名。

小河　城南十五里。其源五派，出自凉州五涧谷。一派来自凉州沙河，俱至三岔合而为一派，经城西南开渠分水以溉田。余水由东北流入白海。

天池湖　城北二十五里。凡遇祷辄应。俗传有龙隐其中。

鸭儿湖　城东五十里。中有芦草。

来伏山后井　城西北一百三十里。俗传旧有井，今不知所在。

石井　城西二百里境外。

小白盐池边井　城西北二百二十里境外。其水甘列【冽】可饮。

沙井儿　城西北二十五里青盐池西境外。

乱井儿　城西北二百四十里境外有泉四，因名。

三个泉　城西北二百七十里境外有泉三处。

小池　城东四十里，俗呼龙潭。

三坝白盐池　城南三十里，周围三里。

新中沙白盐池　城东五十里，周围五里。

鸳鸯白盐池　城西北二百二十里境外。

小白盐池　城西北二百二十里境外。

以上四盐池，旧传曾设醝司，以出纳其利。后因境外商贾不行，故废。

水　利

镇番卫

头坝渠　城西三十里。

黑山坝　城西五十里。

大二坝渠　城西二十里。

三分坝　城西一百一十里。

小二坝渠　城南一十里。

四坝渠　城东一十里。

五坝渠　城东一十二里。

以上各渠坝引水浇灌民田。

风 俗

镇番卫，土沃泽饶，可耕可渔，人勇而知义，俗朴而风淳（《旧志》）。

古 迹

镇番卫

潴野　《禹贡》云：原隰底绩，至于潴野。蔡傅引《地志》云：武威郡东北有休屠泽，古文以为潴野。今本卫多草湖水泽之地，东北流入白海，意即潴野也。

古城　城北一百里。

连城

三角城　城北一百一十里。与上二城鼎足相连，遗址尚存。

建置志

城 垣

镇番卫　汉武帝开边筑休屠县，属武威郡。唐筑白亭军。明洪武二十九年开设卫所，改名镇番，始设参将。永乐三年，建设驿递。成化三年，建设仓场。十一年，建儒学以及阴医僧司，制颇备焉。弘治十八年，改移添住秦州判官一员，监收钱谷。至崇祯二年，将判官奉文裁革，本卫经历司监收粮草，凡遇有警，调集客兵。我清定鼎，边事颇缓无虞。其城垣因胡元小河滩空城，周围三里五分，修葺于内。成化元年，都指挥马昭监工展筑西北二面，三里有余，新旧周围计六里二分二十三步，高三丈一尺，厚如之，开东西南三门。万历三年起，四年止，用砖包砌，启城楼三，角楼四，逻铺一十有九，月城三，池深一丈五尺，阔三丈。嘉靖二十四年，议筑关城，以堵飞沙，聊足固围。

蔡旗堡一座，周围九百二十丈，高三丈五尺，厚二丈八尺，开城门一座。

黑山堡一座，周围二百四十一步，高二丈六尺，厚二丈七尺，开城门一座。

公　署

镇番卫

察院　卫西。

参将府　城东南隅。

镇番卫　城东隅。内附经历司。

常盈仓　城西北隅。

草场　城东南隅。

演武场　城东北三里。

学　校

镇番卫学　卫治东，初为社学。明成化十一年，都御史朱英具奏设学。十三年，都御史王朝远、总兵赵英始建学宫。

敬一亭。

泮池。

坛 壝

镇番卫

社稷坛　城西北一里。

风云雷雨山川坛　城南一里。

厉坛　城东北一里。

祠 祀（附寺观）

镇番卫

宣圣庙　儒学左。

启圣祠　儒学左。

城隍庙　城南隅。

玄帝庙　城中。

旗纛庙　城西北隅。

马神庙　卫治南。

火神庙　城南门内。

忠节祠　城西北隅，以兴佛寺改建。祀汉中郎将苏侍郎、金日䃅，明都指挥马昭、指挥吴辅，阵亡指挥张玉、李坚、许升、方荣、姚振、王桓，千户王刚、陶荣、王清、张奉，百户罗忠、王奉、白奉、王禄。

金山圣母祠　城西半里。

圣容寺　城西南隅。

迎恩寺　城南门外。

镇远寺　城南。

红寺　城东北十里。废。

来伏寺　城西北九十里。

地藏寺　卫治东北。

西塔寺　城西门外，内有土塔。

清源寺　卫治北。

玄真观　卫治北。

驿　传（附铺舍）

镇番卫，明制领宁边、黑山、三岔三驿与黑山、三岔二递运所，因偏僻，额军夫、马匹、牛车每处各不过一二十数。

我清朝裁革未设。

宁边铺　在镇番城。

青松铺　去宁边铺西南三十里。

黑山铺　去青松铺三十里。

重兴铺　去黑山铺三十里。

蔡家铺　去重兴铺三十里。

三岔铺　去蔡家铺二十里。

石羊儿铺　去三岔铺二十里，来凉州四十里。

官师志

名　宦

镇番卫

明

方　贤　凤阳定远县人。永乐八年，以征饮马河答兰那木哥儿功升指挥使，调镇番。

马　得　顺天遵化人。永乐三年，以渡江功升指挥同知，调镇番卫。七年冬十二月，御寇白盐池，没于阵。

吴　辅　凤阳陆安人。永乐五年调镇番卫，时凉州叛，达元保等围卫甚急，辅极力捍守，垂四十日方解围，城赖以全。

张　玉　栾州人，任指挥。宣德十年，与胡寇阿台战，阵亡。赐祭赠。

王　雄　安定人，任千户。

王　刚　滁州人，任千户。宣德十年，雄、刚与阿台战，阵亡，各赐祭赠。

道　属（附员额）

镇番参将

马　玘　原籍北直隶人。

王万成　原籍陕西庆阳卫人。升任建昌参将。

冯君瑞　陕西泾阳县人。

镇番营中军守备一员，千总一员，把总二员。

蔡旗堡守备一员。

黑山堡防守一员。

镇番卫掌印兼理屯事守备一员，千总一员，百总一员，经历一员，儒学教授一员。

兵防志

军　制（附马匹）

镇番营　明额马兵五百二十三名，守兵一千四百四十六名；在营马七百二十匹。我清朝制定马战兵二百名，步战兵一百名，步守兵四百名；〖在〗营马二百匹，官骑自备战坐马一十六匹。

蔡旗堡　明额马兵一百二十二名，守兵二百九十七名；在堡马一百四十六匹。我清朝制定步守兵一百名，官骑自备战坐马四匹。

黑山堡　明额马兵二十名，守兵一百二十七名；在堡马二十六匹。我清朝制定步守兵三十名。

堡　寨

镇番卫所属堡寨

东安堡　城东二十里。

红沙堡　城东二十里。

校尉营堡　城南二十里。

河南堡　城南三十里。

黑山堡　城南六十里。

重兴堡　城南一百里。

蔡旗堡　城南一百二十里。

野猪湾堡　城西南一百三十里。

南乐堡　城西二十里。

沙山堡　城西北二十里。

中截堡　城西北二十里。

青松堡　城西南三十里。

城西北堡　城西北十里。

宁祥寨　城东十五里。

烽　墩

镇番营参将所辖境内大路烽墩七座，安设守瞭兵一十四名。

在城墩

五里墩　离城五里。

十里墩　离城一十里。

南乐堡墩　离城二十里。

青松堡墩　离城三十里。

田吉腰墩　离城三十五里。

头坝口墩　离城四十里。

沿边烽墩二十七座，安设守瞭兵五十四名。

河南闇门墩　离城一十七里。

圆墩　离城二十里。

南马五庄墩　离城一十五里。

明沙嘴墩　离城一十五里。

中沙嘴墩　离城二十里。

杨路墩　离城二十里。

龙滩墩　离城三十里。

赵百户墩　离城三十里。

新六墩　离城三十里。

石嘴儿墩　离城三十里。

大闇门墩　离城三十里。

红寺儿墩　离城三十里。

水口子墩　离城三十里。

杜家庄墩　离城三十里。

天池墩　离城二十里。

田广墩　离城一十五里。

青茨儿墩　离城一十五里。

城西北墩　离城二十里。

马合沙窝墩　离城二十里。

白台子墩　离城二十里。

三岔口墩　离城二十里。

中截堡墩　离城二十里。

郭淮庄墩　离城二十里。

西马五庄墩　离城二十里。

张勤庄墩　离城二十里。

杨洪庄墩　离城三十里。

三坝墩　离城一十五里。

境外冲墩一十九座，安设守瞭兵三十八名。

苦豆儿墩　离城四十里。

土才墩　离城四十里。

盐池墩　离城四十里。

干河墩　离城四十里。

柳条湾墩　离城五十里。

威盛墩　离城九十里。

沙嘴儿墩　离城八十里。

红柳墩　离城五十里。

柳湖儿墩　离城四十里。

近双井儿墩　离城三十里。

团墩儿〖墩〗　离城四十里。

平定墩　离城三十里。

伏湖墩　离城七十里。

土塔墩　离城一百里。

瞭江石墩　离城一百里。

正西墩　离城六十里。

远双井墩　离城五十里。

西刚墩　离城五十里。

卢沟儿墩　离城四十里。

蔡旗堡境内沿边烽墩九座，安设守瞭兵一十八名。

张家腰墩　离堡一百三十里。

河口堡　离堡一百三十五里。

上团庄墩　离堡一百二十里。

苦水墩　离堡一百一十里。

燕儿沙窝墩　离堡一百里。

下团庄墩　离堡九十里。

红崖坡墩　离堡八十五里。

黑泉湖墩　离堡八十里。

本堡墩

境外冲墩三座，安设守瞭兵六名。

圆湖儿墩　离堡一百三十里。

白土坡墩　离堡一百四十里。

黑茨崖墩　离堡一百五十里。

黑山堡境内沿边烽墩一十一座，安设守瞭兵一十一名。

红崖坡墩　离堡九十五里。

许家沟墩　离堡九十里。

野麻湾墩　离堡八十五里。

俞家明沙墩　离堡一百里。

黑山口墩　离堡八十里。

黑山上墩　离堡七十五里。

古城崾墩　离堡七十里。

新庄家墩　离堡六十里。

新乱沙窝墩　离堡五十五里。

旧团庄墩　离堡四十五里。

本堡墩

迤东境外冲墩五座，安设守瞭兵五名。

鞍子泉墩　离堡八十里。

一颗【棵】梭梭墩　离堡九十里。

化林儿墩　离堡一百里。

旧庄家墩　离堡六十五里。

旧乱沙窝墩　离堡五十里。

迤西境外冲墩二座，安设守瞭兵二名。

见议墩　离堡一百三十里。

红山口墩　离堡一百五十里。

隘　口

镇番营参将所辖黑山堡境外隘口一处，安设深哨兵二名。

呵喇骨山　离城一百里。

戎　器

镇番卫派办　西安府七分熟铁二千二百一十二斤八两，钢铁一十七斤八两，白锡五斤一十二两，红铜二两，心【猩】红一斤四两三钱，鹅翎三千六百枝【支】，牛角弓面八十片，官粉一斤四两，鱼鳔一十斤八两，黄丹七斤一十二两，无名异一十四两，蜜陀僧二斤一十二两，硼砂六钱，烟煤一斤八两，牛筋一十六斤二两，黄蜡一斤，生丝三斤一十二两，麻子油四两八钱，麻布四十二丈八尺，桐油一十四斤八两，生丝线八两，猪油一十五斤，麻皮八两，清油三斤八两，生漆六斤四两，水胶六斤二两，青布四十二丈八尺，白布八十五丈六尺。

本卫　三分牛皮四十张，羊粉皮二十四张，弓胎木二百块，枪杆木四十条，刀鞘木四十片，铳箭杆四百枝【支】。

额造　每岁按季额造盔四十顶，甲四十副，弓四十张，弦八十条，刀四十把，箭一千二百枝【支】，撒袋四十副，铳箭四百枝【支】，长枪四十条。

以上岁造军器物料废自明时。今无。

岁计志

户　口

镇番卫，明永乐中，户二千四百一十三，口六千五百一十七。嘉靖中，户一千八百七十一，口三千三百六十三。

地　粮

镇番卫,顺治二年额征屯科垦学藩禄地一千七百六十七顷七十六亩九分九厘,屯科垦学藩禄粮九千二百九石六斗五升六合,屯科垦草八万三千二百九十五束六分七厘。内豁免抛荒屯科垦禄地五百二十七顷八十六亩九分一厘,屯科垦草二万五千一百五十一束四分九厘四毫四忽。陆续劝民新垦过地九十顷七十八亩八分,粮三百九十五石七斗二升,草三千四百五十七束二分。

十四年,实征屯科垦学藩禄地一千三百三十顷六十八亩八分八厘,屯科垦粮六千一百六十石一斗三升七合五勺九抄六撮,每石外随征马粮五升。学禄粮七百九十七石三斗三升九合,例不征马粮草束。屯科垦草六万一千六百一束三分七厘五毫九丝六忽。

马　粮

镇番卫,顺治十四年随屯科垦粮每石外征五升,额征马粮三百八石六合八勺七抄九撮八圭。

课　税

镇番卫,顺治十三年额征盐课银九十一两七钱八分八厘,油磨门面课银一十两四钱二分,当税银一十五两,岁无定额畜税银一十六两六钱九分二厘,地税银四两五钱七分五厘。

支　放

镇番营马步战守兵粮饷,每岁本折兼支本色粮五千七百石,折色银五千七百两。

蔡旗堡守兵粮饷,每岁本折兼支本色粮六百石,折色银六百两。

黑山堡守兵粮饷，每岁本折兼支本色粮一百八十石，折色银一百八十两。

镇番营营坐马岁支春冬料一千一百六十六石四斗，新例草七万七千七百六十束，夏秋干银六百四十八两。

蔡旗堡官坐马岁支春冬料二十一石六斗，新例草一千四百四十束，夏秋干银一十二两。

人物志

乡　贤

镇番卫

汉

金日䃅　字翁叔，休屠王太子。休屠与霍去病战，多败，单于怒，欲杀之，遂与混【浑】邪王谋降汉。休屠王后悔，混【浑】邪王杀之，帅其众降汉。日䃅遂没入黄门养马。日䃅牵马过殿下，容貌甚严，时年十四，身长八尺余。上异而问之，以本状对。即日拜光禄大夫，出入侍左右，未尝有过，甚信爱之。其母阏氏教之，甚有法度，帝闻嘉之。病卒，诏图于甘泉宫。日䃅每见必拜，即涕泣。日䃅长子，为帝弄儿，及壮，戏宫人，日䃅见而杀之。帝泣，怒日䃅。日䃅对以杀故，愈心敬日䃅。莽何罗与江克善以战卫太子功得封侯。克族诛，何罗惧及，遂谋为逆。日䃅觉其意，时防之。上幸林光宫，日䃅小疾。何罗夜出，矫制杀使者，发兵入，抽【袖】白刃，趋上卧内。见日䃅色变，行触宝瑟，僵，日䃅得抱之。帝惊起，擒缚之，遂伏。幸！由是著忠孝节。上病笃，属霍光辅少主。光让日䃅。日䃅曰："使匈奴轻汉"，遂为副。封秺侯。

金　伦　日䃅弟。惇厚有智，仕为侍中，封侯。

金　赏　日䃅长子，嗣后爵。霍光妻以女，霍氏有事，萌芽即上书，去妻。后，霍氏败，独得不坐。

金安上　伦之子。为侍中，笃慎有智，宣帝爱之。发楚王歹谋，赐爵关内侯。卒，谥曰"敬"。

金　敞　安上子。元帝时为中郎将。帝崩，例当随陵，以敞忠孝，太后留侍成帝。敞为人正直，敢犯上，亦惮之。

金　涉　敞子。明经节险，诸儒称之，历官至长信少府。

明

马　麟　本城初设守备，胆勇过人，每战取胜，士民颂之。

马　昭　本城守备，开设建置多功。

彭　廉　历任山西总兵。

何　淮　历任燕晋总兵。

马　举　历任副将。

彭汝为　任操守，战没，题建祠，春秋享祀。

李　震　历任甘肃总兵。

何　相　户侯，领兵设防，战没，题立"忠勇"碑，配享苏公。

何崇德　历任凉州副将。

王　录　生员，报国，题配享苏公。

王国柱　历任西协副将。

李时渐　历任京营副将。

王国靖　武进士，录之曾孙。历任大同总兵。时称名帅。

李昌龄　震之孙。历任延绥总兵。

孟良范　超贡举人，良胤之弟。历任兵部主事，赞尽军前，升兵备道。

孙明奭　武进士，历任游击。

我大清

陈良金　武进士，历任（校点者注：原刻本无下文）。

何斯盛　举人，斯美之弟。历任都司，随兄山西翼城县剿寇，战没，题旌"忠勇"。翼人建三祠，春秋享祀。

杨桂英　贡生，历任安庆府知府。

何孔成　武进士，举人斯美之子。历任（校点者注：原刻本无下文）。

贞　节

明

张　氏　王刚妻。刚战没，张年二十有八，事翁姑，始终无怠。抚二子，皆成立。题旌表。

李　氏　之恭妻。年二十有三孀居五十七年，抚子成立。题旌表。

何　氏　举人张若鹈之妻。年二十有二孀居，孝事翁姑，抚幼子一人成立士类。旌表。

我大清

董　氏　靖远卫人，庞胤奇妻。随任镇番，痛夫战没，亦自缢柩前。呈请旌奖。

乡　试

举人

明

天顺庚子文朴　任山西浮山县知县。

嘉靖戊子李相　历任云南大理府通判。

万历丙子刘道揆　亚魁，未仕。

己卯李养中　任湖广保康县知县。

乙酉杨大烈　历升湖广衡州府通判。

乙卯何斯美　相之孙，会试乙丑副榜，历任河南开封府同知。

戊午张若鹚　未出仕。

天启辛酉孟良胤　历升浙江布政司右布政使。

崇祯丙子王扶朱　总兵国靖之子，隐居未仕。

我清

丙戌朱英帜　任湖广攸县知县。

辛卯何孔述　斯美之子，未出仕。

丁酉杨端宪　大烈之孙。

庚子刘荫芝

古浪所

地里志

沿　革

古浪所，汉为武威郡地。东汉、魏晋、隋俱因之。唐嗣圣十八年，郭元振为凉州都督，始于武威东南境石硖筑和戎城。五代仍属凉州。宋为西夏元昊所据。元灭夏，属西凉州；至元元年立庄浪县，乃于和戎城立巡检司，属永昌路；元末兵乱，居人逃散。明洪武五年，宋国公冯胜平定河西；九年，开设凉州卫；十年，本卫千户江亨守御，因旧水名改为古浪；十二年，属庄浪卫，为屯守之所；正统三年，巡抚都御史罗亨信奏设古浪守御千户所。我清朝因之。

疆　里

古浪所疆域　东至扒沙，西连武威，南界黄河，北抵暖泉。广三百四十里，衮五百二十里。

里至　东至庄浪卫二百一十里，西至凉州卫一百三十里，南至黄河四百七十里，北至暖泉哨马营五十里，东北至马莲滩三百四十里，西北至镇番卫三百四十里，东南至黑川二百里，西南至巴州五百四十里。

山　川

古浪所，南枕乌稍岭，西连高崖泉，古浪流绕，关城险隘（《旧志》）。

东山　城东二里。

西山　即古雪山，在城西五十里。

柏林山　城南七十五里，多柏。

黑松林山　城东四十五里，山多松。

黄羊川山　城东南五十里。

古浪河　城南八十里。其源出分水岭，引渠灌田。

高崖泉　城西二里，水自崖下涌出，流于西南，湍激，可用转磨溉田。

鸳鸯池　城南七十里，池水四时不涸。

甘酒石　城南入硖十五里，道左有石，与两山趾脉弗连，屹立突起如崇台巨屋。居人酿酸者，剙片石炽投酒中，即变佳酝，因名"酸酒石"。余曰："酸者，酸在酒也；因石而甘，是甘者石之功也"。乃更名"甘酒石"。

水　利（附桥梁）

古浪所

板槽渠　城西三里，自本渠改挑沟二处。

暖泉渠　城西三里。

长流渠　城南三十五里。

大河头坝渠　城东南三十里。

二坝渠　城北四里。

三坝渠　城北四十里。

四坝渠　城北三十里。

西山渠　城西三十里。

以上渠坝，俱引水灌田。

酸茨直沟　城东南一百里，从峡口水涌出泉引入大靖川，灌田资民。

暖泉桥　城南郭外。

通津桥　城东郭内。

风　俗

古浪所，土硗风寒，人性刚勇，以骑射为能，以孳牧为业。野处岩居，不拘礼法，皆元之故俗。今则变易，设屯耕稼，奠厥攸居，奔走服役，悉为编户，相生相养，礼义日生，婚姻丧葬，更相资助，熙然有华夏之风焉（《新志》）。

古　迹

古浪所

和戎城　即今所治是也。

和戎巡检司　元世祖至元元年于和戎城立巡检司。

建置志

城　垣

大靖城堡　稽历代沿革无所考镜。明洪武中，略定河西，复旧疆界。按名扒沙，传之故老，云凉州古屯种处。后嘉隆时，有套鲁阿赤兔等假款为名，住牧窃据，邀途穿塞，劫掠番民，日与兵争，肆螫不已。万历二十六年，巡抚甘肃兵部尚书田乐、总兵达云、分守凉州参议张蒲，谋谐文武带甲万人，运筹出奇，扫空穴幕，恢复其地，改名大靖，议设参将御防。我清定鼎，边备稍缓无虞。城垣旧迹，止有东北二面土墙。万历二十七年三月内，就此展筑，计周围四百八丈，高三丈九尺，厚二丈三尺，开西南北三门，启楼三座。又，靖城高埠，难以穿井，水离城南五里许，民修木槽，从外引入，俱是木井盛聚，军民资饮，每苦不敷。如遇困兵决源，大为不便。

古浪所　即古和戎城。周二里七十五步，高二丈五尺，厚二丈。东南门各一，逻铺十，角楼二。东南依山无池，西北池深二丈五尺，阔二丈四尺。

土门堡一座，周围二百二十丈，厚二丈，高三丈六尺，开城门二座。

安远堡一座，周围四十丈，厚一丈，高三丈五尺，开城门二座。

黑松堡一座，周围三百二十二丈，厚二丈，高三丈，开城门二座。

公　署

大靖察院　明万历二十七年建。

参将府　明万历二十七年建。

监收县丞厅　明万历二十九年建。

仓　明万历二十九年建。

场　明万历二十九年建。

古浪所察院　城东北隅。

守备厅　察院右。

古浪守御千总所　内附吏目厅，在城北隅。今倾圯【圮】存址。

丰盈仓　城西南隅。

草场　城南隅。

演武场　城北二里。

坛　壝

古浪所

社稷坛　城西南一里。

风云雷雨山川坛　城南一里。

厉坛　城西北一里。

祠　祀（附寺观）

古浪所

城隍庙　城东北隅。

旗纛庙　城西北隅。

雷神庙　城南。

三官庙　城东隅。

忠节祠　城中。祀明阵亡千户王经、张威，百户王朝、陈泰、徐敏、赵祥。

北极宫　城外古峰山顶。

玄真观　城南郭。

观音堂　城北郭，即元之永寿寺。元季兵燹，明洪武十九年重修。

大靖城内庙寺

真武庙　明万历四十四年建。

关帝庙　明天启元年建。

东岳庙　明崇祯四年建。

城隍庙　明崇祯十三年建。

马神庙　明万历四十四年建。

娘娘庙　明天启六年建。

龙王庙　城南五里。水源修渠引入城，以资军民食用。最虞困兵决源。

寿国寺　明万历三十四年起【建】。

三教堂　顺治八年建。

白衣寺　顺治九年建

驿　传（附铺舍）

古浪所，明制领驿二，每驿各额军六十名，马骡六十匹、头。递运所三，每所各额夫五十名，牛车四十只、辆。

我清朝制定，古浪、黑松、安远三驿所，每处额设军五十名，其马匹、牛车俱无定额。

古浪在城驿　军三十名，见在马骡三十三匹、头。

古浪在城递运所　夫二十名，见在牛车一十五只、辆。

黑松林驿　城南三十里。军三十名，见在马三十七匹。

黑松林递运所　在本驿堡内。夫二十名，见在牛车一十五只、辆。

安远堡　经制驿夫五十名。因地苦，是物不产，难以安马。呈详留所夫二十七名，见在牛车一十只、辆。其余二十三名议拨双塔，以均递运。

在城铺　城北关。

黄羊川铺　城南一十五里。

永宁铺　去黄羊川铺一十五里。

黑松林铺　去永宁铺二十里。

安远铺　去黑松林铺二十里。

官师志

名　宦

古浪所

唐

郭　震　凉州都督，筑和戎城即古浪。前见凉州。

明

江　亨　洪武十年任凉州千户防守古浪，缮城陴，创驿传，始为庄浪卫屯住所。

道　属（附员额）

大靖参将

王述宗　原籍北直隶人。

胡有赏　原籍满洲人。

祁兴周　原籍西宁州土司官。

卢拱极　原籍辽东永平人。

周成功　辽东人。

大靖营中军守备一员，千总一员，把总二员。

土门堡守备一员。

古浪堡守备一员。

安远堡守备一员。

黑松堡防守一员。

古浪守御千总所专城千总一员，丰盈仓大使一员、所吏目一员，大靖仓监收县丞一员，在城古浪驿驿丞一员，城东黑松驿驿丞一员、安远所驿丞一员。

兵防志

军　制（附马匹）

大靖营　明额马兵三百二十二名，守兵一千三百四十七名；在营马四百二十一匹。我清朝制定马战兵二百名，步战兵一百名，步守兵四百名；营马二百匹，官骑自备战坐马一十六匹。

土门堡　明额马兵四十名，守兵三百一十名；在堡马四十九匹。我清朝制定步守兵一百四十名，官骑自备战坐马四匹。

古浪堡　明额马兵二十名，守兵一百三十四名；在堡马二十匹。我清朝制定步守兵一百一十名，官骑自备战坐马四匹。

安远堡　明额马兵五十名，守兵二百一十七名；在堡马五十一匹。我清朝制定步守兵一百四十名，官骑自备战坐马四匹。

黑松堡　明额马兵六十三名，守兵一百二十八名；在堡马六十三匹。我清朝制定步守兵七十名。

堡　寨

古浪所所属堡寨

安远堡　城南六十里。

黑松堡　城南三十里。

泗水堡　城北四十里。

西川堡　城西三十里。

土门堡　城东北六十里。

夹山堡　城东北八十里。

大靖城堡　城东北一百二十里。

大佛寺堡　城西五十里。

小桥堡　城北三十里。

定宁寨　城东北三十里。

沙沟寨　城西三十里。

黄羊川古城寨　城西六十里。

扒沙营　城东北一百一十五里。

烽　墩

大靖营参将所辖境内沿边烽墩一十三座，安设守瞭兵二十六名。

靖字一墩　　离城二十五里。

靖字二墩　　离城二十里。

靖字三墩　　离城一十五里。

靖字四墩　　离城一十里。

靖字五墩　　离城五里。

靖字六墩　　离城五里。

靖字七墩　　离城一十里。

靖字八墩　　离城二十里。

靖字九墩　　离城二十五里。

靖字十墩　　离城三十里。

靖字十一墩　　离城三十五里。

石碑湾墩　　离城四十里。

崖头墩　　离城四十五里。

境外冲墩二座，安设守瞭兵四名。

靖鲁墩　　离城三十五里。

干涝池墩　　离城三十五里。

土门堡境内沿边烽墩一十九座，安设守哨兵三十八名。

夹字关王庙墩　　离堡四十里。

土字界牌墩　　离堡三十里。

土字驼山岭墩　　离堡二十里。

土字分水岭墩　　离堡一十里。

土字长岭墩　　离堡八里。

土字沙沟墩　　离堡七里。

土字车路墩　　离堡六里。

土字新墩　　离堡五里。

土字青石崖墩　离堡一十五里。

土字二墩　离堡一十里。

永字一墩　离堡一十里。

永字二墩　离堡二十里。

永字干河墩　离堡二十五里。

泗字干河墩　离堡三十里。

泗字二墩　离堡三十五里。

泗字三墩　离堡三十五里。

靖字一墩　离堡四十里。

靖字二墩　离堡五十里。

本堡墩

古浪堡境内沿边大路烽墩五座，安设守瞭兵一十名。

南五里墩　离堡五里。

太平墩　离堡八里。

二沟墩　离堡一十里。

新关墩　离堡一十二里。

界牌墩　离堡一十五里。

迤北大路烽墩一十三座，安设守瞭兵二十六名。

北五里墩　离堡五里。

八里营墩　离堡八里。

杨家桥墩　离堡一十里。

小桥铺墩　离堡一十五里。

样沟墩　离堡二十里。

南花腰墩　离堡二十五里。

双塔南五里墩　离堡二十八里。

双塔北五里墩　离堡三十里。

北花腰墩　离堡三十五里。

崖头墩　离堡三十二里。

镇彝墩　离堡三十五里。

闫【阎】家腰墩　离堡三十八里。

闫【阎】家铺墩　离堡四十里。

迤东沿边烽墩六座，安设守瞭兵一十二名。

靖字三墩　离堡六十里。

靖字四墩　离堡六十五里。

靖字五墩　离堡七十里。

靖字六墩　离堡七十五里。

靖字七墩　离堡八十里。

土塔墩　离堡五十里。

境外冲墩五座，安设守瞭兵一十名。

西山墩　离堡二十里。

红岭墩　离堡三十里。

石关墩　离堡三十八里。

红岘墩　离堡六十里。

慢坡墩　离堡八十里。

黑松堡境内南北大路烽墩一十座，安设守瞭兵一十名。

龙沟墩　离堡一十五里。

新墩湾墩　离堡一十里。

大坡墩　离堡八里。

板桥墩　离堡五里。

香沟墩　离堡三里。

火烧岔墩　离堡三里。

香筒坡墩　离堡五里。

黄羊川墩　离堡八里。

岔路墩　离堡一十里。

界牌墩　离堡一十五里。

境外冲墩六座，安设守瞭兵一十二名。

石庙儿墩　离堡一十里。

马莲宽墩　离本堡五里。

瞭高山墩　离本堡五里。

王家坟墩　离本堡八里。

龙沟榻墩　离堡一十五里。

油柞墩　离堡一十五里。

安远堡境内南北大路烽墩三座，安设守瞭兵三名。

流水沟墩　离堡五里。

飘儿沟墩　离堡一十里。

在城墩

境内临山烽墩八座，安设守瞭兵八名。

尖山墩　离堡一十五里。

空心墩　离堡一十里。

称仁坡墩　离本堡五里。

芥菜坡墩　离本堡五里。

塌墩子墩　离堡一十里。

坟湾墩　离堡一十二里。

长山墩　离本堡五里。

大沙沟墩　离堡一十五里。

境外冲墩二座，安设守瞭兵四名。

可可墩　离堡三十里。

红沟儿墩　离堡六十里。

隘　口

大靖营参将所辖沿边水柞八处，安设守哨兵八名。

靖字一墩柞　离城二十五里。

靖字四墩柞　离城一十里。

靖字六墩柞　离城五里。

靖字七墩柞　离城一十里。

靖字八墩柞　离城二十里。

靖字九墩柞　离城二十五里。

靖字十一墩柞　离城三十五里。

崖头墩柞　离城四十五里。

境外隘口六处，安设深哨兵一十二名。

酸茨沟口　离城四十里。

石刺碑口　离城八里。

张兴寨口　离城一十五里。

赵家磘口　离城二十里。

庄浪沟口　离城三十三里。

大山顶　离城二十五里。

土门堡境外隘口二处，安设深哨兵四名。

鹅头山　离堡五十里。

黄花儿滩　离堡五十里。

古浪堡境外隘口要柞三处，安设深哨兵八名。

冰沟口　离堡一十里。

樊家口　离堡一十五里。

哈西柞口　离堡一百五里。

黑松堡境外隘口要柞六处，安设深哨兵二十名。

倒坡河口　离堡二十五里。

青石崖口　离堡二十里。

湖滩窊口　离堡二十五里。

九池子口　离堡一十五里。

牛头宨柞　离堡二十五里。

龙沟柞　离堡一十二里。

戎　器

古浪所派办　西安府七分熟铁二千二百一十二斤八两，钢铁一十七斤八两，白锡五斤一十二两，水胶七斤一十两，心【猩】红一斤八两，无名异一斤一两，黄丝三斤一十四两四钱，黄蜡二斤，麻皮一斤，丝线八两，黄丹一十一斤四两，烟煤一斤八两，官粉一斤八两，蜜陀僧一斤二两，红铜二两，硼砂六钱，藤黄一两七钱，雌黄二两一钱，牛筋一十五斤一十二两，鱼鳔一十一斤八两，牛角弓面八十片，生漆六斤四两，清油七两六钱，桐油二十七斤，猪油三十斤，青布四十二丈八尺，白布八十五丈六尺，鹅翎三千六百枝【支】，麻布一十四丈六尺。

本所　三分牛皮四十张，羊粉皮三十二张，弓胎木八十块，箭杆一千二百枝【支】，长枪杆四十条，铳箭四百枝【支】。

额造　每岁按季额造盔四十顶，甲四十副，刀四十把，弓四十张，弦八十条，撒袋四十副，铳箭四百枝【支】，箭一千二百枝【支】，长枪四十条。

以上岁造军器物料废自明时。今无。

岁计志

户　口

古浪所，明正统中，户一千二百二十，口三千二十六。嘉靖中，户三百一十，口六百七十一。

地　粮

古浪所，顺治二年额征屯地三千九百三十六顷九十五亩一分四厘，粮七千三百三石七斗六升五合四勺，旧例草七万三千三十七束六分五厘四毫。内豁免抛荒地八百八十五顷二十二亩八分一厘，粮一千六百三十二石七斗七升八合九勺，草一万六千三百二十七束七分八厘九毫。陆续劝民新垦过地二百五十五顷六亩八分七厘，粮三百九十七石五斗九升九合五勺，草三千九百七十五束九分九厘五毫。

十四年，实征地三千三百六顷七十九亩二分，粮六千六十八石五斗八升六合，每石外随征马粮五升，草六万六百八十五束八分六厘。

马　粮

古浪所，顺治十四年随屯科垦粮每石外征五〖升〗，额马粮三百三石四斗二升九合三勺。

课　税

古浪所，顺治十三年额征油磨课银七十两八钱，当税银五两，岁无定额畜税银三十一两六钱三分四厘，地税银六两六分一厘五毫。

支　放

大靖营马步战守兵粮饷，每岁本折兼支本色粮五千七百石，折色银五千七百两。

土门堡守兵粮饷，每岁本折兼支本色粮八百四十石，折色银八百四十两。

古浪堡守兵粮饷，每岁本折兼支本色粮六百六十石，折色银六百六十两。

安远堡守兵粮饷，每岁本折兼支本色粮八百四十石，折色银八百四十两。

黑松堡守兵粮饷，每岁本折兼支本色粮四百〖二〗十石，折色银四百二十两。

大靖营营坐马岁支春冬料一千一百六十六石四斗，新例草七万七千七百六十束，夏秋干银六百四十八两。

土门堡官坐马岁支春冬料二十一石六斗，新例草一千四百四十束，夏秋干银一十二两。

古浪堡官坐马岁支春冬料二十一石六斗，新例草一千四百四十束，夏秋干银一十二两。

安远堡官坐马岁支春冬料二十一石六斗，新例草一千四百四十束，夏秋干银一十二两。

人物志

贞 节

大清

杜 氏 古浪所生员郭宗尧妻,夫被贼难,抚孤成立,不绝继祀,贞纯流芳,呈请旌奖。

疏赋诗

奏 议

顺治十四年二月内巡抚甘肃都御史佟题免编丁徭疏

为直述地方情形并陈补救五事，仰祈睿鉴采择，以甦残黎，以固岩疆事，准户部咨。

该臣会看得，丁徭原国家之定制，编审乃天下所通行。况当此军兴旁午、财用匮诎之时，臣岂不欲力图举行，以济军国之急需。但边方与腹里不同，而甘肃一边与别边尤不相同。别边虽不如腹里，而土沃民稠，审编之例犹可仿而行之。甘肃一线岩疆，孤悬塞外，且四面番彝，万山丛错，天气多寒多霜，田地至沙至碛。故前代于层峦叠嶂中，止设十二卫、三所。所管实征地，亦止有四万四千八百余顷。各军出而荷戈，入而负耒。所以，粮草之外，并无别项差徭。后虽间有民种，仍是顶军代耕。此甘肃自汉武至今，从无民丁并未编审之故也。

至我朝，虽改军为民，而甘肃自闯、回杀掳之后，灾祲、死、徙之余，田产之焚者、荒者，十有二三；军民之存者、活者，十无一二。迩来，文武各官百计招徕未归之孑遗，尚且趑趄不前。今一闻编审，已集之哀鸿，又将皇皇欲去。至于寄住流商，亦不过时往时来，形迹莫定。此编审之法，有万万难行于今日者。臣若不真知难行，而止据奸民之口，是为欺诳；若明知难行，而犹不据实以告，是为溺职。溺职之罪，固臣之所不敢任；欺诳之私，尤臣之所不敢萌也。除将库串私兑等弊，严行禁革外，所有边地审编一事，既据各司道确查，前来相应会同督臣马、按臣聂，合词具题，奉旨户部知道。

前志奏议

明正德九年总督彭泽修复旧边疏

切【窃】见甘肃地方，虽云北控胡虏，然惟也乜克怯、瓦剌二虏在北耳。其北虏大众如小王子等，并近年阿尔秃斯、亦卜剌等贼之巢穴，则皆在宁夏之贺兰山迤东，宣府、大同二镇迤西。也乜克怯、瓦剌二种贼寇，势孤力弱，久不犯边。甘凉一带近边为患之贼，皆自东而西者也。先年，分守凉州副总兵赵英在任以前，拨有官军一千五百员名，在于扒里扒沙、暖泉等堡，按伏分守。庄浪参将鲁鉴在任以前，拨有官军五百员名，在于速罕秃等堡按伏。至于镇番、永昌之昌宁等堡，亦各有按伏官军。前项堡分直抵各城，要害高阜去处，俱有墩台洞，以便传报设伏。盖此虏欲犯中卫、靖远、兰州、庄浪、甘凉地方，先拥众至迤北大松山等处住牧，肆出哨马，探听我边虚实及提备缓急，皆扒里扒沙等处，分道入寇。此处有备，少则本堡官军自足捍御，多则各城兵马火砲传到，并力策应，纵有小失，不至大挫。

后，自成化二十年以后，副总兵李宽、刘晟等，忠义威名，才略勇敢，俱出赵英、鲁鉴之下。而镇巡等官，亦或未及前人。一因挫衄，遂称各堡孤远难守，掣回原设按伏官军。祖宗以来，百余年之险扼一失，而各城堡墩台、军士屯田，皆弃境外。筑打小边，离城一二里者有之，五七里者有之，以致迤北达贼，不拘多寡，皆得以侵入我境，阻截大路。甘凉一带地方，人马罢敝，军士困穷，几至不守职，此故也。边防之坏，莫此为甚。

臣愚乞敕兵部查议上请，及今兵粮颇集河东，临、巩、秦、平、甘、肃等卫备御官军，应合上班。北虏正在草短马瘦之际，且总兵官徐谦，原系凉州卫指挥，曾隶赵英麾下，参将鲁经即鲁鉴之孙，备知其详。而各官忠义威名，才略勇敢，颇能追配前修，行令统领汉土官军。前去扒里扒沙、速罕秃等堡亲诣踏勘，将原先按伏城堡墩台，计处停当。仍行巡抚都御史督属起倩军夫、措给口粮及应用料物，趁时修筑，务要如旧。量拨官军按伏防守、哨瞭。及查镇番、山丹、永昌、甘、肃一带，废弃远年应该修筑城堡墩台，一体修复；其哨瞭夜不收（校点者注：夜不收是指彻夜在外活动的哨探）、军士衣粮尤在多方措处，严立号令，并轮换期限，不许误事。如此，则守备得安，而贼之出没可以预知。非惟庄、凉、甘、肃地方可保无虞，而中卫、靖远、兰州等处，亦不被深入大扰之害矣。

明嘉靖七年总督刘天和陈言边计疏略

访得汉人历年被驱掠在虏中者，常数万人。每虏骑南牧近边则脱身而归。然以守墩官军残忍贪功，遇有到边，则伪举火砲，杀取首级，冒报功次，希图升赏，是以来归者尚少。查得旧例，遇有到边，镇巡官查取姓名、乡贯，差人伴送宁家。夫彼皆中土良民，我不能卫之保安，致彼被掠；彼不忘我，冒死逃归，我不加恤，又从而利其盗得之物，此何理也？

切【窃】念先年，曾因边方缺军，悬赏召募每军一名，给银五两，能召及百名者升一级。其所召者，多老弱逋囚之人。然走回人口，少小而去，强壮而归，虏之伎俩，知之稔矣。其耐寒暑，习战斗，犹夫虏也。以此赴敌，所谓"以虏御虏"也。乃纵之使归民伍，谓之何哉？

近来各镇将官，亦有私蓄以备爪牙者，缘未著为令，故所收者不多。合无通行各该镇巡官，晓谕守墩官军，但有虏中逃回人口，随即收送镇巡官处，时刻不许迟留。除老弱妇女照旧伴送宁家，其精壮男子及十四五岁幼童，若系本镇附近军民，俱倍加抚恤，编入卫所，与正军一体食粮。无妻者，官为娶妻；无屋者，官为买置。发游兵部下名为先锋军，每遇出战，用以当先，使之踊跃呼躁【噪】，以倡士气；先登陷阵，以挫贼锋。虏中骑回马匹，有堪以出战者，官给时价收买；不堪者，听其自行变卖。收送墩军夜不收，仍给官银三两，以塞其贪功妄杀之心。其视用银五两召募不堪之人以耗边饷，似有间矣。若有贪功妄杀者，下手之人抵命，该管官知情者问发充军。仍行各该抚臣出给告示，发各墩悬挂晓谕，或别行召诱，庶风闻塞外，来归者日众。每镇若得千人以上，鼓躁【噪】于军中，则三军气胜，所向不怯，而武功大振矣。

明嘉靖十六年总督王琼议处岁计疏

查得甘肃一镇兵马岁支粮料几七十万，动调客兵之费不在此数。除秋冬例支折色外，春夏例支本色该粮三十余万石。每年，陕西布政司岁派河东、西凤等府民运银布折纳粮三十一万六千六百余石，京运年例银六万两，足勾【够】折色支用。其本色止有本镇原额屯粮二十一万三千三百八十石，除节年抛荒免征粮二万二百三十九石，及近年抛荒地粮约有五万余石外，实该征本色屯粮一十四万余石，不勾【够】半年支用。通计一岁所入本折色粮不过五十一万余石，比之岁用少粮一十八万余石，中间灾、伤、拖欠之数不预焉。先年，民运除折布外，皆来本边各以资货易买本色上纳，军饷既充，民运亦便，本色常足，折色或少，易于处补，夫何司计者轻变旧规？河东民运尽输折色，年复一年，遂致本色不足，存积益亏，减支则怨议横生，稍裕则经费不继。孤悬之地，转输不通，凶歉之年无粟可籴，虽有智者，亦不能善其后矣。

为今之计，必须通变议处。河东之折纳已久，本色既难遽复；河西之困苦已极，银易决不可行。惟有开市中盐粮一事，可以收积本色。盖商人射利，势所必趋，斗头稍盈，亦多愿纳。必须将年例银两免其解发，却将淮浙二盐，定作年例。盖盐既有常，商人必须预储广蓄，以候开中。丰年则令全纳本色，凶年亦可本折兼收。如蒙乞敕户部查议，自嘉靖〖十〗八年为始，每年奏开盐课，悉听巡抚甘肃都御史查勘。缺粮城堡照依时估，定立斗头，出榜召【招】商，报中本色粮料，务在积蓄有余，以绝和【私】籴抑勒之弊。若遇凶年米价高贵，仓廒积有本色，方许量纳折色，以待丰年折放。如此，庶军食稍足，边方幸甚。

明嘉靖二十五年巡抚都御史杨博议复巡按御史张坪裁冗赘以省滥费疏略曰

议得制御之方，不嫌详密；兴革之际，极当慎重。且如凉庄游击一事，卒然议设，卒然议革。若以今日之革为是，则前日之设为非；前日之设为是，则今日之革为非。理贵会通，不宜悬殊。荷蒙圣明，轸念边防。下臣再议，河西人士无不举手加额，以为神【深】谋渊【远】虑，明见万里之外。

臣自渡河而西，周历凉庄之间，如古浪、黑松、安远、镇羌、岔口等处，亲见墩堡残破，耕牧废弛，行旅震慑。固备询守、巡、副、参、游、守等官，咸谓此正【西】制黑松、古浪，以达凉州，无事团聚操练，有警分布截杀，倘遇征调，城池仍令备御，官军照旧防守。其游击官廨、官军营房并展修关城等项，臣先是已尝区画停当，容臣次第举行。近城荒田，听各军自行开垦，永不起科。仍将游兵除防秋时月不议外，闲暇之时，量为立班次，令其取讨衣鞋，以示休息。合用行粮草料，即于安远堡设立仓场，或派给盐引，或发银籴买，委官收受，务足支用。应时月粮，有妻孥在卫者，于本卫关支；无妻孥者，听分守西宁道，不拘常规，就彼议给。庶人情事体，两不相妨，实为长便。

明嘉靖二十五年巡抚都御史杨博修筑紧要城堡以弭外患疏曰

议得本镇地方，斗绝羌胡之中，孤悬河湟之外，度势审时，较之沿边诸镇独惟难守。而经制长策大要，亦不出于赵充国留兵屯田、部曲相保、堑垒木樵、校联不绝之数言，盖以静制海套二虏交驰之所。前巡抚都御史赵锦深知其患，议添游兵一枝【支】，诚于地方有益。但彼时仓卒举事，虑之殊未周详，处之多欠稳妥。旧游兵往来轮戍人犹以去亲戚、离坟墓为难。今兹新兵经年在外，不得休息，以故人心厌苦，首倡罢兵之说，此处之未当一也。原议春夏驻扎凉州，秋冬驻扎庄浪。不知凉州已有分守副总兵，庄浪已有分守参将；又留游兵在彼，所谓以有用之兵，置之无用之地，处之未当二也。客兵远戍，全在多方抚绥。行粮既不以时查给，月粮多被官旗侵隐，且营房未设，栖止无所，感事兴怀，归思孔切，此处之未当三也。

今日之计，补偏救弊则可，因噎废食则大不可。譬之尘垢之衣，少加瀚【浣】涤，自当一新；若四分五裂，未免竟凉庄游击免行裁革，照依永昌游击事例，移于安远堡驻扎。东制镇羌、岔口，以达庄浪；西〖制黑松、古浪，以达凉州。无事团聚操练，有警分布截杀，以静制〗动，以逸待劳，自足以坐收成算，而区区攻战之未不与焉。

臣以驽劣以今岁七月之初始至镇城，深惟积谷重农第一要务，故亟将屯田事宜议拟提请。其次，则缮城郭，起坞堠，谨烽燧，良不容缓。乃备行守巡兵备四道，将概镇城堡墩台，通行查处。昨因八月九月农工告毕，已将甘州张钦等堡，山丹石硖口等堡、风营等墩，高台老鸦等墩，永昌明沙等墩、洪水闫【阎】王边等墩，凉州张义等堡，红城子大红石山等墩，古浪可可等墩，肃州谭家等堡，应添置者次第添置，应修饬者次第修饬，事涉琐细，不敢陈渎圣听外。但惟镇番地方，北出凉州二百余里，旷远寥阔，实与宣府、独石、马营相类，昔人谓于凉州北境碛中建置城垣，控其冲要，自是寇不敢复至凉州城下，即此处也。乃今风沙壅积，几与城埒。万一猾虏突至，因沙乘城，岂惟凉、永坐撤藩篱，实甘肃全镇安危所系。至于凉州柔远、怀安、靖边，亦皆番虏往来出没之所，垣墙低薄，壕堑淤塞，虽尝屡议修筑，止缘无人任事，旋议旋罢。今右参政张玺，欲要于镇番添筑关厢，一则消除沙患，一则增置重险，并将修饬柔远等堡事宜，开呈前来，谋之父老，咸为【谓】可行；质之官僚，殊无异议，急当整理。但夫役动调众多，钱粮经费浩繁，事体颇重，固非臣愚所敢擅举。如蒙乞敕，该部再加查议，稍待来年春暖，土脉融和，容臣查照所议，刻期举行。未尽事宜，竟自查处。仍行参政张玺、凉州副总兵萧汉往来督视，务期一劳永逸，保障地方。事完，将用过钱粮、拨过夫役，备细造册奏缴。仍行守备蔡勋往来提调，刻期完报。

明嘉靖二十六年巡抚都御史杨博奏改巡按御史兼理学政疏曰

臣惟自昔圣王之政，莫先于建学立师，非徒为一时观美之具也，大要以明伦为上。故学校荒秽则教化陵夷，教化陵夷则风俗颓败，士纲人纪因之弗振，其所关涉者岂细故哉？我国家自混一以来，绝徼穷荒，莫不有学。其在陕西，如延绥，如宁夏，则文雅蔚然，科第相望。本镇百八十年来，甲科不过一二人，乡科亦仅数人。方之二镇，天渊悬绝。臣近日将生徒略加考校，大半皆句读不通之士。亟求其故，实因提学官经年不到，无所惩劝，以故狼狈至此极尔。夫甘肃，《禹贡》雍州之域，汉五郡之故地也。明德硕望，代不乏人，乃今落落至此，臣待罪地方，心切痛之！

议者皆欲责望于提学官。本镇去陕四千余里，提学官一人，八府三边，皆其督理，即使精力有余，亦且不能遍历，而况警报时闻，动见阻隔。弘治间，提学副使杨一清始曾一至。〈昨〉嘉靖二十四年，副使杨守谦方至凉州，又复中止。非诸臣怠缓，自废官常，此其势固有所不能也。议者又谓分巡副使可以就近督理。夫分巡副使，固为十五卫所纠察奸弊设也。近日题奉明旨，与分守兵备分管地方，如分巡副使则管甘、山等七卫所，一应钱粮出纳皆其综理，驻扎镇城，时不可离，乃责之以巡历之役，兼之以学校之政，此其势尤有所不能也。议者又欲将管粮佥事复设，分巡副使专管学政。不知河西止十五卫所，已有守巡兵备四员画地经理，官已备矣。若又增设管粮佥事，所谓官多民扰，此其理又有所不可也。

臣尝会集官属、父老人等遍加咨访，咸谓巡按御史岁一巡历，所至未尝不考校生徒，止无进黜之权，士心玩愒。若使之兼董学政，揆之事势，似为稳便。臣又虚心量度，御史管学，官不增设而学政可举，其便一也；学政既举，而浇漓之俗居然可变，其便二也；武弁子弟，寄学作养，忠义敌忾之气因之发作，其便三也；环住诸夷，习闻弦诵之声，疏野之性可以潜消默化，其便四也。用是不避烦渎，僭为陈请。如蒙乞敕，礼部再加议拟，如果臣言可采，将本镇学政照依辽东事例，专敕巡按御史管理，其陕西提学副使不必干预。再照腹里地方有有司官员，月考在教官，季考在府州县官，岁考在提学官，上下相承，体统不紊。本镇皆军卫衙门，掌印指挥千户，类多不解文义，无能提调。合无将季考事理，甘、山等七卫所，行分巡副使；肃、镇二卫所，行甘肃兵备副使；凉、庄、镇、永、古五卫所，行分守参政；西宁卫，行西宁兵备副使。各分投【头】管理，仍听巡按御史稽查。复命之时，第其勤惰，一并举刺。臣之肤见如此，事体重大，伏乞圣明，俯赐裁处。

明嘉靖四十二年巡抚都御史戴才议处极边紧要地方兵将以弭外患以图久安疏

臣谓甘肃一镇最为孤悬，而防范机宜尤当严密。所以然者何也？盖各边止知防秋，而甘肃四时皆防；各边止知防虏，而甘肃则又防番、防回。兵马奔驰，殆无虚日，凡可权宜裁处者，皆次第举行外。窃照高台所设在甘州之西，相去二百余里，土壤肥饶，军民富庶，猾虏素所垂涎，贼番不时窥伺。先年议设操守一员，管领马步官军一千余员名，在彼防御。缘官卑兵寡，番虏易玩。每遇大虏侵犯，动发兵马设伏，不惟徒劳军士，亦且糜费刍粮。且住居之民，多系四外流移，奸伪百出，难以制驭。及照西宁巴暖三川，介于山溪之中，东接兰州，南抵河州，西连碾伯，尤为旷远。且土汉杂居，番虏环峙，中间膏腴相望，梨枣成林，少有不足，狼肆剽掠。此时虽设防守官一员，摘发西宁官军二百余员名，并彼处屯长土兵相兼防范。每遇有警，去西宁颇远，加以兰、河逃逋之民附于其中，相诱为非，动倡悖逆。此二处实不容不处也。然欲为处，必须增置兵将。而增置兵将，又当会计钱粮。当此极边诎乏之时，如之何其可也？

臣查得甘州既设总兵官一员，统领正兵三千及标下前锋家丁勇士一千，居中调度，已足捍卫。又设协守左副总兵一员，统领奇兵二千，共驻一城。似将有制之兵，置于无用之地。中间衰多益寡，移彼驻此，要必有道以通之也。及质诸守巡二道李敏德、张廷槐等，会同总督三边军务右侍郎郭乾，及巡按御史雷稽古，议照高台与巴暖三川地方，俱系富饶要害之处，无事则弹压军民，有事则防御番虏，诚不可缺人也。酌量已久，故敢冒昧上陈，伏望皇上轸念河西极边重地，乞敕兵部再加详议，如果臣等所言不谬，合无将高台操守裁革，左副总兵移住高台，就将奇兵官军摘拨一千员名与高台所，见在官军共合二千之数，付之本官统领防御。其东而平川守备，西而镇夷操守，势相联属，亦听本官管辖调度，应援截杀。高台既议裁革，却于巴暖三川地方比照碾伯添设操守一员，再于西宁游兵下班军内拨发二三百名，或召募一二百名，与前军士付之统领防守。

臣等又思，作事贵于谋始，选将尤在得人。查得甘肃坐营都司莫倦，宅心勤谨，生长西宁，彼中土俗民情、山川险易，素所稔知。若将本官改授巴暖三川操守，添设之初，凡一应防御事宜必能有济。如此，庶兵将增重，番虏詟服。军民既有所赖，地方可保无虞矣。

又疏议处增兵御虏以安地方事

据分守道参政王光祖呈称：批据凉州领班都司尹继祖及防守安远堡千户王经，各呈讨要兵马防御等因到臣。看得都司尹继祖、千户王经各陈呈：扰缘安远堡设在万山之中，止通一线之路，番、虏交冲，孤悬可虑，此王经所以屡屡请讨欲增兵以壮威力也。靖边堡虽离凉州不远，然都司分管地方利害切身，此尹继祖所以一一请明恐减兵以致单弱也。调兵安远防御，已蒙本院详允，备行尹继祖将拨马军五十名，并步军五十名，即发安远堡，听王经统领防御，护送经行，不许迟违。转行各官查照遵行外，随于接管卷内查得，二十五年，该前巡抚都御史杨博议将凉庄游兵免行裁革，移于安远堡驻扎。东制镇羌、岔口，以达庄浪；西制黑松、古浪，以达凉州。倘遇征调，城池仍行备御，官军照旧防守等因，题奉钦依移驻讫。彼时，番、虏宁息，地方保安，固可以为经久计也。继因大虏住牧西海，游击兵马分布设伏，策应往来，殊无虚日。及征调河东，截杀数月，方得回还。而备御官军，又掣于靖边地方驻扎。三十七年，据安远递运所申称：本站设立冲险，通贼适中，番、鲁侵害，堵截经行。本所走递官牛，但闻声息，不敢牧放，连日困饿，实难存活，乞将备御都司兵马发堡防守等因。该前都御史陈斐【棐】，看得靖边相近凉州，纵有警急，自可设伏。况安远站游击官厅见存，会行先任领班都司黄福统领防御安远堡驻扎。四十年，该分守道议呈都御史胡汝霖，准安远堡添设防守都司，仍掣靖边堡讫。

臣自渡河经过安远站，看得该堡地方委属冲险，今该防守官军，俱在游击领班都司部下摘拨，往往不便。今据该道议呈前因虽经遵行，尤恐非画一之法也。事关军务，相应提请，如蒙乞敕，兵部再加详议，合无将安远堡防守王经改发靖边住【驻】扎防御，领班都司仍移安远堡驻扎，备御番、鲁，严谨烽堠，护送经行，防范居民樵采耕牧，遇警收敛人畜，相机战守，保安地方。或怯懦偾事，听臣参究治罪。其凉庄游击驻扎黑松堡，专听往来策应截杀。庶官有定守，军有战志，居民有所倚赖，而地方可保宁谧矣。

又疏比例添设防守官军以御番虏事

据分守道王光祖呈：据永昌守备张杰公同印屯指挥陈玫、杨天爵等诣，境迤南临山四坝、朱黄、校尉等堡寨地方，屯田广阔，地势平原，居民住守，赖以耕牧。迩年，西番移住本境南山，时常出没，贻患地方，抢掠居民耕牛，剥夺衣粮，人难住守，告添防守军兵、修盖公廨营房等因到道。看得永昌东南临山一带，屯田广阔，俱系浇灌肥饶之地。迩来番贼移帐窃掠，人难居住，以致田地荒废，边储逋负。既经各官勘议佥同，要于适中四坝堡添设防守，真有裨于地方。合无选委指挥张邦政防守，并行游击刘承业于本营摘发有马一百名、无马五十名，统领常川防范。及查先年脱逃未收月粮，召募精壮约足一百五十名，通前共三百名等因到臣，会同平羌将军、总兵官吕经议照添设兵马，防护耕牧，诚守边第一要务。缘四坝一带地平水顺，前此番不侵扰，人得业农，屯税亦易完纳。近年以来，贼番跳梁，居民流徙，地土荒芜，粮草逋负。必须比照红崖、甘峻、古城等事例添设防守官军常川住守，兴复屯田，殊为有益。

所据该道议处颇为周悉，相应题请，如蒙乞敕，兵部再加查议，合无暂于甘肃游兵营摘拨官军一百五十员名，行令指挥张邦政统领，在于四坝堡驻扎防御，其各坝堡寨俱听管辖。后召选军士完足，游兵掣回。本官升迁事故，仍听臣等会选委用。至于修盖公廨营房与夫建立仓场、派拨粮草等项，俱照原议施行。

明嘉靖四十五年巡抚都御史石茂华
议古浪西川筑堡疏

为添筑堡寨，阻遏番房，输复税粮，保全生命事。据分守道右参政姚九功呈称，本道会同分守凉州右副总兵雷龙，亲诣古浪山后西川，会勘得本川迤西一带平原，荒熟水地大约二十余里，已经开垦成熟者约十余里。特因本川西头，正当番、夷出没隘口，近年屡被侵扰，耕废不一。今要欲当隘口之处修筑屯堡一座，以扼番、夷出路。各军余情愿各照原种田地多寡，量出银两不等，作为盐菜之资；官拨军夫筑打一堡，不动官钱，似为可举。合无行令凉庄游兵营内量拨无马军人二百名，古浪备御军内再拨一百名，各食本等月粮外，每名日加前项盐菜银五厘。共筑中堡一座，四面共计八十丈，各高二丈，底阔一丈二尺，收顶六尺。朵【垛】墙高七尺，底阔二尺，收顶一尺。敌台二座，大墩一座，护门台一座。瓮城墙一道，堡门二层，铁裹门各一合。月城墙一道，每面三十丈，周围一百二十丈，高九尺，底阔五尺，收顶二尺，木门一层。外壕一道，口阔七尺，底阔四尺，深七尺。大约计工六十日可完。自起工日为始，除各军夫本等行粮不加外，每名日给盐菜银五厘，共银九十两，俱于李仓、樊相等见种田人户五十余家各名下照地均出。合用夯、杵、樽木、锹、镢等类，于古浪居民内劝借，事完查给。其铁匠在于本所局匠内拨发，不支口粮。木匠并裹门铁斤，亦令李仓等自行买办顾觅，俱应呈处，合候详允。行令古浪所吏目宋时雍督理上紧修筑完固，听李仓等居住。将本川一带宽平水地，任其垦种。候三年成熟，委官丈勘明白，照亩收册征科，赴古浪丰盈仓场上纳。仍轮班摘拨游兵、无马旗军五十名，支给本等月粮，在彼设伏，防护耕牧等因到臣。

簿查，先据古浪守御千户所纳粮军舍余丁李仓、樊相等，各连名告称：本所原设八渠，额税不亏。自嘉靖三十六七年来，节遭番、虏涂炭，将西山渠田地原纳粮一百余石尽行抛弃，见存者不过二三十石，人民不得乐生，税粮不足原数，以此拖欠，不得完纳。乞要于适中去处筑堡一座，拨军防御，开垦荒田，以便供税等情，已经批行分守西宁道，会同分守凉州右副总兵雷龙勘议去后。

今据前因，臣惟本镇地方孤悬河外，道路险远，本色粮草难仰给于内地。而田地本狭，出产有限，开垦荒田，修举屯政，乃经理之所宜。先者古浪西川，原系起科田地。先年地方宁谧，人得业农，屯税亦易完纳。近年以来，番、虏不时侵扰，居人日渐流徙，地土率多荒芜，以致额税减少。今据李仓等告，要筑堡拨兵，垦田供税，此不惟可以开广荒田，将来有益地方，亦足以扼制番贼，不敢非时出没。既经该道会勘明白，相应提请，如蒙乞敕，该部再加查议，合无听臣督行该道将筑堡工程，查照原议，修筑完报，令李仓等自行盖房居住。共【其】摘拨游兵、旗军防护一节，缘该营兵马数本不多，若再分散，有事不敷调遣，仍听臣行令该道召募军三十名，在彼防御；应支月粮，于古浪丰盈仓按月关支。委掌堡官一员，严谨门禁关防出入，遇警收敛人畜。前项募军，就令本官管理钤束。若有声息，凉庄游击添发兵马策应。其荒芜田地，尽令居人垦种。若原系起科者，候三年成熟，计亩征税；原系抛荒者，照例永不起科，不得一概征扰。

明嘉靖四十六年巡抚都御史石茂华议设庄浪兵备道疏

为议处边务以安重镇事，一改置守官。为照本镇地方随在皆番虏之冲，则亦随在皆防范之处。然就今论之，亦不能无先后缓急之殊焉。今所最当先而急者，庄浪一带是也。庄浪有土官指挥鲁东部下土达居住，盖系先年归附之众安插于此。当军者虽至七百余人，而其族类蕃衍，环内地而耕牧者，无虑千万矣。先年，鲁氏父祖威令素行，此辈俱守约束。近日以来，其中良善者固多，然亦有习成犷悍、蔑视法纪者。而指挥鲁东卧病经年，无能钤制。虽经题准令土官指挥鲁相、百户哈聪管理，然威信未孚，不能展布。如往年参将孟寀责治少严，即操戈啸聚；通判张相放粮少迟，即率众群起；去年通判刘定楚因放月粮，即聚众打入府馆。虽事出有因，其骄横至此，不已甚乎。

该卫属凉州分守道，去凉三百五十余里。先年曾属西宁兵备道，去西宁亦三百七十余里，其去镇城且八百余里。缘地方隔远，控制自是不便。或加以声息梗阻，道路动辄不通。而参将指挥等官，多依违其间，苟幸一日之安足矣，非有通变辑宁之术，行乎其间也。譬之痈肿之疾，止护忌抚摩，因循坐视，再无针砭调治之术，欲其终不溃裂得乎？况大虏近年常住该卫边外，相离止三四十里，近者一二十里，不时侵犯，或遣轻骑数十，剽掠行旅。墩军夜不收，被杀掳者不可枚数。而南山番族，亦常窃发。即今耕耘失业，田多芜莱，钱粮匮乏，行伍空虚。至于钱粮干没之弊，亦比各处为甚。前任抚臣戴才，欲将行太仆寺改拟于此者，其意亦为是也。

夫甘肃者，全陕之屏蔽，而庄浪则甘肃之咽喉也。庄浪受病，则全镇坐困矣。臣再思筹度，必须设兵备专官一员，方克有济。但添设官员，似涉多事。查得甘肃行太仆寺有寺丞一员，自三十二年改注【驻】凉州，专管庄浪、凉州等处马政，事务颇简。合无将寺丞裁革，改设少卿一员管前项马政，仍兼陕西按察司佥事，整饬庄浪兵备移驻其地。或以寺臣兼摄不便，仍设兵备专官一员，会同参将督同指挥鲁东等申饬法纪，约束土兵。或择其族类之良者立为头目分管，以杀其势。或即其住居相近者，使之什伍相保，彼此觉察，以联其心。要在处置得宜，彼将自然帖服。其土官志向可用者，一体旌奖推用，以示激劝。仍稽察钱粮、修葺城堡、问理词讼，分守道不必干预。合无就近推素有才望者，令其速行到任。庶臣得与之区画事情，相度机宜，则庄浪之事尚有挽回之机。失今不处，将来必至大坏极弊。然后图之，恐烦费益多，为力亦不易矣。

明隆庆元年巡抚都御史石茂华议编设保甲疏略

为酌陈安民救时之要，以慰圣心，以隆圣治事。为照百姓无知，其情易涣。保甲之法，盖协其涣于平时，方可责其相恤相救于有事，即古人比闾族党之意也。矧盗贼之起，莫不始于细微，而其蔓延也，至于不可扑灭。使保甲之法行，则禁戢既周，妄念自殄，奸宄之徒，无所潜滋，弭盗安民之略，诚莫切于此矣。臣履任之初，孜孜讲求，思欲效一得之愚以绥缉边陲。但边方之于腹里，规制不同，而军卫之于有司，事体亦异。在师其意不泥其迹，通其变以宜于民耳。规画已定，臣与各该道常加督励振饬之。务期久暂如一，民有固志，庶实政可敦，不至于议之详而行之悖矣。谨将议过本镇保甲事宜，开款上陈。如蒙乞敕，兵部再加详议，如果可行，听臣督同各该道遵照施行。

一、议审编。为照本镇地方逼近番虏，军民之居多在城堡墩院之内。虽有散处而居者，亦各有相近墩堡。或农务已毕，或有警收敛，则皆归墩堡之内，非如腹里之村落相望、比屋相连者也。城堡大者则有守备操守防守，小者则有防御掌堡官员或总旗。平时则守护城池，有警则收敛人畜，非如内地之村落各自为谋，无所联属者也。地方虽有窃盗，而强盗颇少。但在北虏，则恐有奸细潜入，觇我虚实；在南番，则恐有奸人交通，致起事端。虽有前项该管员役以总其概，若再加保甲以尽其详，地方尤为无虞。但一概施之，恐有未宜。相应酌处，合无将各城堡等处，但居人至五十家以上者，人数既多，该管员役恐讥【稽】察难遍。各该道选委的当官员，逐门查出，不拘乡官、生员、吏承、军民、寄住人等，尽数以次挨编。不许势豪之家借口优免，止及贫穷下户。盖此原为便于讥【稽】察，以各保其身家，非如徭役然，得以例免也。于十一家中选甲长一人，统摄十家；又于五十七家中选保正一人，保副一人，统摄五十五家。俱要别无占役，颇有身家，行止端正，素为众所推服者充之。保正、副，量免杂泛差役，勿听无赖之徒营充，以为罔利之媒。大抵自爱之人，多不乐为此。其营充而来者，皆积猾蓄无良之心者也。此全在委官斟酌之耳。各以其便，或自北而南，或自东而西为序，一甲既完，挨编次甲；一保既完，挨编次保。其止有三四十家者，若必欲辏【凑】合，取盈一保之数。缘城堡隔越，既不便于讥【稽】察；边方居人稀阔，相去动辄数里，亦不便于号召。且人数既少，既有该管员役，又添保长，似涉烦扰，止随其多寡编立甲长，免编保长，即令管堡官员、总旗，照保长之法，督率讥【稽】察。无官者，仍编保长一人。二十家以下者，免编保、甲长，亦止令管堡员役督率讥【稽】察。无官者，只编保长一人。凡此，皆须委官亲身遍历填注，不得假手吏书，以滋弊端。编完之日，委官动支官银，造花名册一样四本，送该管官、本卫所、各该道臣衙门各一本备照。不许假此科派纸张。甲长置牌一面，大书第几甲；保正副置牌一面，大书第几保。各将本保甲居人各年甲、籍贯、丁口、作何生理及佃户住房人等，备书于上，悬挂各保正、甲长门首，务要比次相连，气势绎络。各家各置粉壁，将年甲、籍贯、丁口、作何生理及佃户住房人等，亦备书于上。但有远出百里之外者，告之甲长，甲长达之保正副。回日，一体告之。保正副、甲长不时查访，但有出外久不归，踪迹不明，及有留住游食僧道、倡优、来历不明之人，或恣意非为、不作生理、倚酒行凶、赌博为盗、倡结白莲等会，扇惑人心、窝藏奸细、交通番虏等项者。事轻，本保甲径自戒谕，令其省改；其屡犯不悛及情重者，告之官司究治。如保正副、甲长不行体访，同保甲之人不行举首，事发，一体连坐。庶编审之法，不至烦琐，而防诘既严，奸慝可消矣。

一、严选练。照得编立保甲，固使之互相讥【稽】察。然防御外侮，尤保甲之本意也。平时若不简稽壮丁、预备器械、练习武艺，临时何能责其从事乎？但本镇各城堡之内，俱有官军防御，即所居之人亦多系正军也。编甲之法，将以便讥【稽】察，固不可遗漏其壮丁，若照保甲内名数尽人编佥【签】，恐于人情未便；若将正军一概派及，临时有碍调遣；若数人方合一丁，边方人数稀少，又恐不敷防御。合无斟酌将正军免派外，其余乡官、生员、吏承人等，则以家人佃户出名，并舍余军余寄住民人，每男子二丁出壮丁一名，一家之内丁多者递加；止有一丁者，二家朋合一名。有力者派执弓箭，无力者随便执枪、刀、木棍等项，俱要堪用，不得虚应故事。编审已定籍名，并其所执器械在簿。保正副共置铁铳三杆，大旗一面，上书第几保；甲长各置铜锣一面，小旗一面，上书第几甲。平时每甲每日轮流二名，日间察访各家事情，夜间巡夜提防盗贼。如遇强盗生发，番房零贼侵轶，除自有官军剿捕外，保正副鸣铳、甲长鸣锣，即号召同保甲壮丁协力堵截。如遇传报声息，除自有收敛官员及夜不收等役外，保正副鸣铳、甲长鸣锣，号召同保甲之人作速收敛。其乡邻保甲有事，亦要互相应援。倘遇声息重大，免其出城，则止各督率本保甲之人，不拘丁数，尽数守城，仍于城朵【垛】上各先书其姓名在上，免致错误。每月初一日，保正具有无盗贼生发缘由结状一纸，赴该管官处投递。每于春冬隆【农】隙之时，各择空便处所，该管官督率保正副、甲长、壮丁演习武艺。每月各六日，此外再不许拘【聚】集，以致妨废生理。如此则不惟可以弭盗贼，且可以防番房，而于城守之道亦相须矣。

一、议赏罚。为照保甲之法议之虽详，然非有赏以劝之，则无以鼓其趋；非有罚以惧之，则无以警其惰。合无以后窃盗生发直【值】夜之人失于巡缉，强盗生发同保甲之人失于救护，听保正副、甲长查举，各重责问罪，定限挨拿。除获贼外，如不获，就令陪【赔】所失之物一半给与失主。保正副、甲长失于督率，邻保甲失于应援，听该管官查举，各酌量情罪轻重，一体究治追陪【赔】。若本有盗贼而隐不报官，番房零贼出没失误堵截，传报声息失误收敛，声息重大失误守城者，该管官各查明治罪。情罪重者，解送各该道究治。有能拿获别保甲窃盗一名者，赏银一两；强盗一名者，赏银三两；大伙贼首一名者，赏银五两。仍将各原赃一半给主，一半充赏。无主之赃，尽数给之。有能斩获番房首级者，除本人照例升赏外，该管保正量赏银二两，保副、甲长银一两。其保正副、甲长不许缘此擅受词状，武断乡曲；假称名色，科索财物；擅起夫役，生事骚扰。违者，许被害之人告发及该管官常行体访，拿问究治。若督率有法，盗贼屏息，三年无过者，保正给以义民冠带，保副、甲长给以花红犒赏，仍令管事。不愿者，另行选替，以从其便。其虽无大过而不能约束人者，该管官亦即便换，免致误事。庶赏罚既明，则人心知奋，实效可臻矣。

一、定委官。照得举行保甲所以提纲挈领者，臣与守巡兵备各该道之事也。至于就近体察民情，稽核勤惰，非得专官，曷克有济。本镇地方原无州县有司，各卫所武职率多不谙事体，一经委用，即成骚扰。查得各卫所原收有监督通判、监收州判、县丞等官，可以兼摄其事。除审编各另选委官员外，审完之日，合就委令监督等官专管。无前项官员者，方选委卫所掌印或巡捕及各城堡官专管。平时则常加警觉，有事则严行纠率，勿纵下人骚扰，勿非时点闸，勿科罚纸张财物，一应往来迎送泛滥差遣，俱严行禁止，别官不许干预。违者，查提重治。如果督率有法，盗贼屏息，或于一年之中能捉获窃盗十起、强盗三起，所管保甲有能斩获番虏首级者，年终该道查明呈报奖励，注以上考。若督查不严以致失事者，窃盗一次，姑令挨补【捕】；强盗一次、窃盗二次，除住俸立限挨捕获日方许开支；强盗二次、窃盗三次，除住俸挨捕外，仍重行惩戒。其有失事重大及次数多者，文职提问，武职参究治罪黜降。仍各置循环簿二扇，将保正副、甲长、壮丁姓名及有无盗贼生发，捕获过盗贼姓名，按季赴各该道倒换查考。各该道亦将委官姓名、有无盗贼生发、捕获过盗贼姓名，开呈臣处，以稽勤惰。庶责成既专，则铃束必力，各不敢视为虚文矣。

一、崇礼教。为照法制所以防民之愿，礼教所以兴民之行，二者之用，常相须也。本镇虽介在边鄙，番虏杂居，然人性质直，可与为善，保甲固所以防之矣。而教导诱掖，以开发其良心，较之内地，诚尤所当急者，除行令各该管官员表率鼓劝外，似当举行乡约之法。但于保甲之外别立乡约，恐涉烦碎，人难遵守。合无即于保甲之中，寓乡约之意。各保各择空闲处所，不拘寺庙、铺舍，或人家有多余房屋者，上扁【匾】"乡约所"三字，仍置牌一面，上书圣谕《孝顺父母六旬【训】》。每月朔望日卯时，保正副、甲长督率同保甲之人，将圣谕牌置于香案上，南向，各相率五拜二叩头毕，以次序立。每保中选识字者一人，令其逐句讲解晓喻，旁引曲证，使知为善之利，为恶之害，互相劝免【勉】，敦崇礼让，惩忿息争。中有素行良善者，众人共推奖之取以为法，仍公举达之该管官、各该道核实，转呈抚按官，于各处各立旌善小木坊一座，列名其上，以优崇之。其忠孝节义、行谊卓异之人，仍题请旌表，量免杂泛差役，以示风励。素行不淑者，众人共戒谕之，使知自愧省改；戒谕不悛，则告之官府，明治其罪。无故不至者，除一次姑免究外，至二三次，保正副、甲长呈举该管官处，量行责治。庶化道之下，人知趋向，而保甲之法，愈见有益矣。

明隆庆六年都御史廖逢节
为申饬乡约保甲以厚风俗以安地方事

将先任永平编立乡约书册，及查照前巡抚都御史石茂华题准编立保甲乡约事理，发仰陕西行都司儒学逐一检阅。会聚在城致仕文武乡官并年高行端乡老计议，与土俗民情相宜所当举行者列为条款，送院参酌，刊刻书册，通行守巡兵备五道。将该管卫所城堡编选约正、约宾、保长、总小甲、壮丁。甘州镇城已编二十七约保，得壮丁二千七百人，各备执拿器械，认定城上朵【垛】口，置刷格眼文簿，动支本院有行纸赎银两，定立赏罚规则，无事督率操练，自【有】警摆守城池。仍建立义仓积粟，以备荒歉，并遇警守城支用。甘、山、高台七卫所并各堡寨，六年分已入仓粮一万一千余石。其在外卫所编完：肃州卫一十二约保，壮丁一千二百人；镇夷所二约保，壮丁二百人；高台所六约保，壮丁三百三十四人；山丹卫七约保，壮丁八百三十六人；永昌卫五约保，壮丁五百人；凉州卫一十四约保，壮丁一千四百人；镇番卫一十三约保，壮丁一千三百人；古浪所一约保，壮丁一百人；庄浪卫八约保，壮丁八百人；西宁卫一十二约保，壮丁一千二百人。其各属堡寨，照居余多寡编设约保、壮丁，与各卫所堡寨积粟入粮各不等，一体各备器械操练摆守，赏罚支用，俱经造册在卷。

明隆庆六年巡抚都御史廖逢节
题为重任寺臣减设属职兴屯田饬乡兵以实边政事

据守巡兵备等道、参议等官梅友松、李之茂、钱进学、姜廷瑶、胡维新会呈："甘肃远在河西，历经前任抚臣经略，兵食恒足，战守多利，斗粟尺布，人不病饥，家给人足而民不勤食。所以操练有资，兵出气振。有声援乡兵大挫贼锋者，有伏奇墩院而屡收战功者。今时则大不然，语兵力，东应则西无以援，肘襟布露；〖语军〗饷，则折纳而市无所易，合米数钱。根极其故，在屯田则侵隐于豪舍者，如通判柳遇春丈出樊世勋等各原屯而多余一二顷者，其【他】官豪可知也；占种于职官者，如通判李成栋之占种荒地三四十亩，其他武弁可知也。至于渠坝之修浚不时，拨补之苦累逃窜，害之者众，为之者寡，欲其不饥，胡可得也？在乡兵则各该堡寨屯长，虽间有收存名籍，亦皆蚀毁不全。至于土兵原给马匹，亦年久倒失，散解不存，高台监收高鸾等之所查报者可征【证】也。其原给盔甲，有损坏不堪披戴者，有表里脱落止存数叶者，有十数副混损一处捡拾于土苴者；弓矢止余弦笴形质，火器多无铅铁、石子，刀悉改打私器，据委官指挥张勋等之所呈报者可见也。加以卫所之征役无名，而人心散失；官府之团练久弛，而规则徒存。以守望相助之夫，今皆为疾视长上之人，徒责营军以战守，又胡可得也？今蒙本院申饬乡约保甲、选编壮丁，乘暇操练以备固守，已经册报。将抛荒屯地酌为起科开垦,大约六年屯粮完报似易,而垦军完粮者三分之二,见取实收呈报。然屯田、乡兵、边方吃紧、政务,而甘肃经略于历任抚臣者,皆有明效大验。虽良法美意俱存,但兴整于久废之后,必专官责成,方可恃以垂久。查得甘肃止行都司统辖一十五卫所,此外别无郡邑有司可以委任图理;止有监督通判五员,内多志趣卑陋,才识短劣,以赃败论去者即三人,如查盘御史萧廪查岁出岁入兵马钱粮数目屡驳屡异,皆据各通判之稽查,其本分职务尚然,望之以理兵屯,胡可得哉?然欲议设官,未免增费,合无将甘州右中二卫知事并甘凉监收州判一并裁革,所遗俸薪等项于甘州、凉州各设府同知一员,专理屯兵。再乞,将各监督通判改与府同知职衔,于才守优长者推升。如果整屯练兵各有成效,即优以边方监司,以酬其劳。再照官有专业而事无总理,譬之襟幅具而领袖不备,终非完衣。守巡兵备五道各有分宪地方,惟甘肃行太仆寺卿专理马政,事务颇简,合无兼以宪司职衔,俾其不妨原务,督各同知等官整剔屯政利害,团练保甲乡兵,则官守得有纲纪,而后政有考成"等因到臣。

为照建置贵协诸舆论,而损益当审乎重轻。甘肃之屯兵整饬于历任抚臣者,委已辄效而侵废,况臣之经画不逮于昔臣,且驰久弊甚,复之不易。所据各道会议,欲裁革知事州判四员,添设府同知二员。虽官涉于建置,而事若适乎轻重,且所费无过增,而又得人以立政。将甘肃行太仆寺〖卿〗加以宪职,俾兼总屯兵,则官不增人,督理有赖。

臣复三复图,惟目击地方兵食敝状,套虏大势趋环边境,时切畜【蓄】艾,得人为急。为此不得已冒昧陈请,如蒙敕下,该部再加详议,如果臣言有据,将甘肃行太仆寺卿兼以宪职,改给敕命;将甘凉监收州判、甘州右中二卫知事一并裁革。于甘、凉各添设府同知一员,于临巩二府列衔。在甘州者专理甘、山、高台、肃州、镇夷九卫所,在凉州者专理凉、永、镇、古、庄、西六卫所。屯田、乡兵、寺臣于各道总督，于上府臣各分理于下。要将屯田在昔如何开垦绝无拖欠，在今如何抛弃作何召种；豪余之侵隐者，勘丈归正；职官之占种者，清理还屯；渠坝之修浚以时，水利之均给以序，拨补之偏累以革。凡有病于农者，极力除之；凡有利于耕者，多方聚之，务使近年拖欠尽复原额。乡兵在昔如何团练废弛，如今作何整复；盔甲之损失者，务按籍以追陪【赔】；兵器之改毁者，务照件以查并。攒籍严禁其箕敛，期会不烦以定期，操练务在于农暇。凡可以兴其守望相助之心者，务随机以鼓舞，使人自为兵，家自为战，斯于兵食有裨。如是，则于府臣优以边方监司，寺臣待以卓异超擢。其各监督通判俱改同知，恐涉烦琐，仍各照旧，亦悉听寺臣委用。屯兵如此，则官以事设，不惟人将顾名思义而自图奋励。如或事久因循，亦得以因名责实而不致大废也。庶兵食有赖，战守可资，而危镇得恃等因，该吏部复奉钦依添设。

前志碑记

明《防边碑》

巡抚都御史陈斐【棐】撰记曰：关中出崤函之西，去今京师二千七百里。皋兰大河所经与禹导水、积石相接，去关中一千二百里。而张掖去皋兰复一千二百里，酒泉尤远六百里。撑突河外，孤悬绝塞，开一路以通西夷之贡，所谓断北虏之臂。义则次矣，乃我境开拓于戎狄之区，而迤逦祁连，北阻龙荒，南遮青海，西引阳关之外瓜、沙之墟，皆自古毡毳息喙之区。千里易途，三面邻虏，今之胜算，不在于能逐之，在能御之耳。御之方，城守为上。而河西城堡，土沙碱而制低薄，全无砖石，券洞皆板门，关无铁，挖之即颓，烧之即煨，乃知"金墉玉关"徒为称美，全无事实也。

予岁丁巳夏以陕臬廉访奉命抚兹土，大以弗称为惧。渡河即行四道各将令于大小城堡俱筑垣陂，浚池湟，券更甓石，门表铁叶。切【窃】虑近岁，囊俺黠酋导以周丘攻城，辄以钩竿、梯绳、扎架、挖磴、填壕、洞堤、凿门、烧橹，诸巧并力；环以甲骑，层射俾人；俾人不敢倚堞而瞰，彼即毁堞登俾。虽垣堑稍修，仍不足恃，乃镇城先筑敌台，屹倚城外。台围夹墙，墙开放火器孔洞，向外者，远击出壕堤；向两傍【旁】者，顺城雉而击。孔洞留三层：下层用石凿孔，径五七寸，可放将军砲，击贼近城下者；中层用木刳通中孔，径三四寸，可放盏口诸砲，击附城而上者；上层孔可放快枪、强弩，击贼已攀近睥睨者。每台周围洞孔，开向八方。而城每面六台，则火器往来交击，绕一城矣。镇城，先筑东、南面十二台，乃照式行。各卫所城堡，各设四隅四座。虽小堡，亦各二座。河西新设敌台，一时尽千座。以联接不可无大墩，因敌台之式推广之。先制木墩为式，令各筑大墩，中建实台，台用悬洞、天桥而上。墩外筑城垣，四面暗砌铁门，放将军大砲，多安放火枪孔券，名曰"铁城迅击台"。复广前墩之式，于墩之围城外二隅建火洞砲眼敌台二座，台制如城堡者而差小，中厝火器向外点放，二台护城四面，名曰"轰电却胡台"。复广前墩之式，中建一台，即安火砲、铁门、券洞于台之下，通出四面，以大将军砲诸火器向外击贼。台上有房，多储器粮；台中之底凿井，防久攻困，名曰"玉空飞震台"。复广前墩之式，中建墩台，四隅筑二实台、二虚台。虚台中设火洞砲眼，悬空安门、置梯，从此以上下，名曰"风雷太极台"。造转轴翻拍鹿角、陷马"品"字坑，木钻地网。总名曰"扼边六险"。

以城堡敌台虽增，而守之不可无械，乃造诸械。一曰夜义【叉】悬木偶并架，一曰悬石并架，一曰流星铁飞砲并架，一曰钩头铳，一曰铁巨斧，一曰四股飞义【叉】，总名曰"守城六将"。镇城造一千二百座、件，卫所次之，虽城堡小者亦造六十座、件，计河西各城堡总造万余，又铸铁飞砲万余。以诸械虽可守，而行可为阵，止可为营，尤莫便于火车。乃竭智殚思，先造飞轮游刃、八面应敌、万全霹雳火车一百辆，招选家丁勇士千二百立一营，考火车阵图为书，付主者习演。修整旧旋风砲火车百辆，令洪水、黑城等五堡共造百辆。修整冲枪飞火独脚车四百辆。诸种车通行，各道、各卫照样制各千余辆，安置兵火器各万余，名为"破虏三车"。以胜敌莫利于火器，而大砲尤可以击厚敌、破坚阵，乃奏讨京制大将军、二将军砲各十位，三将军十五位。讨京制鸟嘴铳二十杆，随用火药什物及皮袋、药规、药管等皆备。再行分巡道行局用京降式造鸟嘴铳、造金刚腿诸大砲、连珠双头诸枪及铸生铁石榴砲共二千余。行分守兵备三道，各造砲数称是。再发价山西造快枪等近千件。以火器尤资于硝、黄【磺】、马子，行阛镇地方各熬硝，各俾人赴局学制。未几，各处俱能熬硝制火药，药余【逾】数万。且令局铸石榴砲一千余，铸铁马子三万。各处俱令铸铁及磨石者，而尤虑铅则难继，泥则易碎，有献计谓："磁【瓷】窑造磁【瓷】子，可多办试之，大小八等，坚圆光滑可用。"乃令镇城烧百万个，每万个量一石。今已造五十余石。行各道俱如式造。先是，委官向京领年例硫黄【磺】，逾年未返。予遣骑督责，乃领硫黄【磺】三千斤来；而往晋省造火器者，亦鬻硫黄【磺】二千斤至。顾火器已伙，煮硝更繁，硫足配合铁、磁【瓷】子，盈屋堆积，剩供习放。于是，河西火器雄甲诸镇矣。此皆分巡王宪副继洛协谋效力，分守张大参批、兵备陈宪副其学、太仆寺黎卿尧勋咸资画理诸务。稍次第，而总戎徐双峰公仁适至，将城垣敌台未完者相与督责筑完，即议并堡浚壕。凡阛镇之堡，城隘人鲜者归大堡，而堡垣之趾俱浚壕，深阔以三丈为准，足堪障御。

予惟在昔哲臣问学功业，致极中和，寅亮天地。而今膺筹边之寄者，只从事于制度修为之间，虽悉心综理，未免驰情机械，宜乎来曲，智之评而非辅世之略也。客乃谓予曰："古人因时创物，随用治具，咸运谋涉巧，构思入神，顾皆经济之方，关用兵之要，乃应世之不容已行所无事之知也。如伶伦之律管灰室，羲和之璇玑玉衡，禹之治水铸鼎，周公刻漏土圭，及与越裳之指南车，斯数圣臣，合德成务，制器尚象。而其精微玄奥之处，得造化之蕴，成天地之撰，以通神明之秘，观数类物，通变宜民，实神智之运而不可以偏智目之者也。自后如汉之诸葛孔明、宋之范文正，称百代殊绝人物。然诸葛之治军，流马木车以供运饷，制作精妙，后世莫传；而营成八阵，开合奇正，予观鱼复江边之垒，见者称为天下奇才。文正之治边，通斥堠，城十二岩【砦】，细微纤悉，予观其峡山之屯，取水秘井、侦卒间道，旧迹故在也。二公当中夏稍弱，虏敌方张，故于此求殚心尽职，随事补裨，固开诚布公之运用，先忧后乐之敷施，岂可以烦细而议二臣哉？不此从事而清谈废事、沉湎【湎】玩时，以惜阴为俗吏，以名教为赘物，卒至荒偷堕落，靡可收拾。此晋魏之所宜戒而近世亦或崇尚浮虚，论议空寂，钩奇延誉。至目经略为曲智，彼自谓弃知之学，不自觉其为不智之归矣。以若人而任之锁钥，岂能克副哉？"后来者以兹为鉴，庶修此防边之绪而不使坠焉矣。

平凉赵时春《表典祀忠烈记》云

昔夏后时之王天下也，穷河源，浚弱水，以叙西戎，声教被于流沙，故全凉之境遂属雍州。后王德薄，威不及远。獯鬻猾夏侵败，王略沦于异域。汉武皇帝，始播威灵，雷振西庭，风行塞外，焚右贤之区落，收三道之戎羌，表河曲而列四郡，芟楼兰以镇百蛮。虽文德未称，而雄略庙算，巍哉邈乎！谨按，汉初置凉部刺史、郡太守、令长、丞官以治民，都尉、护军、护羌诸校尉、属国官以捍边。后复有河西都尉、行大将军权宜诸职。异代因革，虽名称异宜，真伪淆乱，大抵祖述汉故，要在强兵富民而已。地既僻远，众杂羌胡，犬牙相错，恃力负强，竞锐争先，人怀贲育之志。乔峰四阻，缭以大河，黄沙白草，迷漫连天，风骑生列，兽屯鸟散，形拟金汤之险。捍御秦雍，联络西域，襟带万里，控制强胡，势居必争之最。德隆后服，道污先叛，周被骊戎之难，汉列河津之营，唐设泾原之戍，宋罢洮河之师。小者称公侯，大者僭帝王，强弱相噬，互为雄长。积骸崇丘，流血丹川，代有秦项之祸。圣明受命，宇内华夷，各奠方位，奉琛效顺，惟臣惟妾，弦诵之声，洋溢四表。然犹建关设戍，彪虎之将，熊罴之师，棋布角张，法罔或渝，时用刀斧，锄诛鲸鲵，威让文告，羽檄四驰。故有策勋玉府，勒名石室，祚流子孙，闻望无穷，其效端可睹矣。然则升平之世，良臣布德，以宣化抢攘之时；勇夫陈力，以除凶大节既临。列士陨身而效义，润泽流于生民，勤劳在于社稷，五祀之典，礼莫先焉。而今血食靡备，报答未称，佥以为歉。

嘉靖十一年，皇帝厘定典礼，百神禋祀，或兴或革，具如经义。于是，巡抚甘肃都御史赵君载，祗承德意，考据图籍，质诸见闻，自汉迄于近代卓然可表者，具以爵里、姓氏，檄下有司建忠节祠，以报功崇德。既而凉州始兴营田，都御史牛君天麟初设行院、亦共惇厥典。遂下按察副使崔君允，鸠工程作，祠以落成。益表其尤著者，自孔奋而下，凡十八人，北堂南向，中分左右以差。其次则吴克忠、慕弘义，东序西向；李晟、丁刚，西序东向。两庑则指挥包翼等八人。主书爵里、姓氏具如式。春秋祀事如典制，无或不虔牲将丽。崔君以其碑之文，讬诸平凉赵时春。时春，惟古之忠臣贤士没而朝食于其土者，非唯人心有所不忘，且将使后之人见之者，有所劝而兴起。今诸君修祀前人之忠贤以示后人，安知后之人不有高诸君之风，复将以继前人而示后人也？法当为铭。铭曰：

昆仑西极，实生大河。千里一曲，秦凉是过。惟河萃灵，蛟龙鼋鼍。其光属天，宝藏兴焉。骏驰名马，沄沄如泉。国之所重，以制百蛮。基自汉皇，溯乎神禹。右臂既渥，九山实旅。茫茫凉野，遂通诸华。张官置吏，戎夏一家。纷纭五王，陵籍魏晋。凶德参争，居仁则润。叔唐衰宋，九州振动。天人济时，百则咸正。云雷解屯，旱极而雨。喁喁黎庶，云胡不喜。亦有俊豪，能捍大患。芟柞獍枭，救灾止乱。或勤王家，奉以义勇。有嘉折首，不悲不悚。是曰忠贤，实惟文武。名垂竹帛，震耀今古。帝畀重臣，来抚来巡。佐以宪使，保厘边民。既绳徽迹，妥修祀典。佑启后人，永矢弗谖。为臣思忠，为政思贤。佐我升平，于亿万年。

《定松山碑》

松山延亘两河，为阿赤兔等所窃据者百十年矣。明万历二十六年秋九月，巡抚甘肃兵部尚书田公乐，谋谐帝幄，师应天弧，属鹏与西宁兵备右布政使刘敏宽、庄浪兵备按察使梁云龙、甘州兵粮分巡副使李景元、凉州粮储分守右参议张蒲，分厖五道；又属甘肃总兵都督同知达云、甘肃副总兵马应龙、凉州副总兵姜河、永昌副总兵王铁块、镇番参将葛赖，洪水、镇夷、凉庄游击保定徐龙、朱启来、张守信等，带甲万人，剿除兔虏，恢复松山。宣庙略于河西，扫胡尘于漠北；奏龙沙之捷，屯虎城之田；业与方台争流，名与天壤俱永。遂相与勒之琬琰，以记岁月云。

整饬肃州兵备陕西承宣布政使司右布政使崔鹏谨书。

树石于大靖察院。

前志诗歌

唐王建《凉州行》云

凉州四边沙浩浩，汉家无人开旧道。
边头州县尽胡兵，将军别筑防秋城。
万里征人皆已没，年年旌节发西京。
多来中国收妇女，一半生男为汉语。
番人旧日不耕犁，相学如今种禾黍。
驱羊亦著锦为衣，为借【惜】毡裘防斗时。
养蚕缫【缲】茧成匹帛，那将绕帐作旌旗。
城头山鸡鸣角角，洛阳家家学胡乐。

杜甫《送长孙九侍御赴武威判官》诗云

骢马新凿蹄，银鞍被来好。
绣衣黄白郎，骑向交河道。
问君适万里，取别何草草。
天子忧凉州，严程到须早。
去秋群胡反，不得无电扫。
此行牧遗氓，风俗方再造。
族父领元戎，名声阁中老。

夺我同官良，飘摇按城堡。
使我不能餐，令我恶怀抱。
若人才思阔，溟涨称绝岛。
罇前失诗流，塞上得国宝。
皇天悲送远，云雨白浩浩。
东郊尚烽火，朝野色枯槁。
西极柱已倾，如何正穷昊。

明正统间四明张楷《过凉州》诗云

曾听凉州惜远征，马蹄今过武威城。
番胡共指山为界，邮传皆凭堠记程。
绿水绕畦瓜未熟，黄云翻垄麦初成。
解鞍偶向河桥息，几处讴歌贺偃兵。

明巡按御史甄敬《出塞曲》诗云

汉家推毂重专征，天子亲劳细柳营。
雷动军声吞朔漠，云横士气作长城。

边烽昨夜照松山，汉将分兵度玉关。
转战昆仑河水逆，胡风吹血浣尘颜。

飞将关弓出武威，矢穷格斗救兵稀。
天山虏骑重重合，月黑风高夜溃围。

八月穹庐朔雪霏，草枯风急雁南飞。
胡笳吹断清秋月，一夜征人泪满衣。

结发从征不受封，横行十万逾青松。
洗刀九度长流水，勒马三危第一峰。

边庭血战几经秋，白首雄图未肯休。
誓系单于归汉阙，焉悲李广不封侯。

征旗夜夜卷胡霜，轻骑追风不可当。
天寒雪大迷归路，葱岭山头望故乡。

黄沙白草望中微，沥沥寒风动铁衣。
焉支直捣扶屠遁，万骑遥从天汉归。

明恤刑郎中陈棐《闻边警》诗云

过午风尘塞日黄，红旗闪火甲铺霜。
龙城管【营】有嫖姚将，缚取扒沙台吉狼。

塞草青青初夏肥，胡人数百敢成围。
汉家猿臂将军用，野马黄羊尽夺归。

昨宵长矢射天狼，顿见旄头夜少光。
投笔请缨白面事，吉囊听报遁归忙。

胡从青石碛边遁，予向黑松岭下回。
须是天工洗兵甲，黄沙一雨静无埃。

《水泉驿见燕》诗

已过春风四月寒，呢喃双燕未垂簾。
天涯传馆原为寄，社后归还又是年。
多少谢家开画阁，差池秦塞宿修缘。
要知宇宙皆逆旅，碧海乌衣别有仙。

《永昌》诗

玉门只在敦煌郡，紫塞仍看朔漠台。
雨露趋陪虚琐闼，云霄献纳忆蓬莱。
五年使幰将春到，万里孤槎泛斗回。
玄圃瑶山闻不远，胜游何必访天台。

记得往时优诏许，承恩将母出金台。
每思衮职还供舜，且喜班衣暂舞莱。
河陇今劳千里梦，鞱轮原拟隔年回。
遥瞻北极连西极，敢羡中台映下台。

《柔远驿》诗

朵兰接古戍，雄镇望姑藏【臧】。
石合平途乱，溪分阔野长。
山光遥黯淡，云气薄苍茫。
驻马投前驿，听莺忆上阳。
果陈红碧饭，茶煮麦椒汤。

六月峰凝雪，三时气带霜。
林稀无众鸟，夏半少群芳。
随地驰春幰，殊方任冷肠。
兰山路尚远，榆塞地尤荒。
长剑崆峒倚，芒寒天外光。

《松林驿》诗

塞外山红草色白，何得青松浓翠积。
群峰楂枒走蚪龙，高岭密森排棨戟。
六七十里琴瑟风，百千万叠苍绿壁。
我骑玄鹤五云来，伊洛嵩丘才咫尺。
西登太华傍天坛，遂访河源看积石。
玄圃增城白玉楼，昆仑穷探仙真迹。
浴鹤瑶池水正清，扶桑晒羽金霞赤。
须臾返驭过松林，顿觉清风生两腋。
安得此山化作飞，来峰飞向频阳如。
手掷待我晚年囗，筑室结巢隐其下。
松阴满窗鹤一只，闲时鹤舞伴吹笙。
松顶月明烟霭碧。

明甘肃巡按御史甄敬《过大河驿》诗云

黄沙漠漠望中迷，黯淡阴云高复低。
古戍春深凄碧草，孤城亭午唱寒鸡。
匈奴几度恣蚕食，汉将连营驻马蹄。
安得班生重断臂，封侯万里玉门西。

丁昂《咏凉州城南三十里金塔寺》诗云

千尺浮图插上苍,禅宫七宝烛灵光。
长虹隐映消残雨,孤鹜相从趁晚凉。
近接彩云飞太华,遥随红日映扶桑。
昆仑赤水原蒸结,直可朝餐未有方。

徐廷璋诗云

宝塔棱层倚汉苍,危阑峻级映金光。
烟收旸谷重霄静,绮散晴空大地凉。
时逐长虹归渤海,每随孤鹜落扶桑。
试询方外希仙侣,肯示朝餐一秘方。

赵琰诗云

宝塔层层近碧霄,何年缔构望中遥。
清风金铎声偏远,初日孤标影欲飘。
东并华峰迎颢气,上连银汉裹天瓢。
谁知千古珠林地,永镇边庭壮圣朝。

戴弁诗云

不省何年缔构功,一峰突兀白云中。
高临北极天光迥,低压南山地势雄。

风送铃声来碧落，雨收虹影入晴空。
何当平步丹梯上，尽日徘徊兴莫穷。

明永乐初谪工王慎机《咏镇番》

苏武山高，羯胡故垒，
红崖隐豹，灵窟卧龙，
小河垂钓，红寺农耕，
莱茯闲云，黑山积雪。

诗云：

山名苏武说当年，万仞孤高尚嶷然。
日照丹崖连曙色，云开翠岫障晴天。
古祠零落封秋草，幽窟荒凉锁暮烟。
属国归来旌节老，恨随流水夜溅溅。

大明红日丽天中，胡羯腥膻一扫空。
无复琵琶弹旧曲，空留垒堞识遗踪。
夜凉蟋蟀悲明月，露冷蒹葭泣素风。
惟有旧时巢燕在，诉非昔日主人翁。

峭壁悬崖映绛沙，石前玄豹隐云霞。
春深雨露迷文质，夜静风霜护爪牙。
野鸟呼风天莽萃，林鸦噪晚树槎枒。
虞罗已启成汤祝，稳向平原卧落花。

湖东阒寂有深潭，灵物蜿蜒【蜓】黑处蟠。
紫色天高雷不震，邃宫水暖梦初安。

明珠下起青霄照，微雨常滋白昼寒。
只恐天宫嗔懒癖，六丁鞭起济凋残。

丽水滔滔逝不休，渔人生计在江头。
杨花雨暖投香饵，芦叶霜清撤钓钩。
唱曲喜闻儿共咏，问沽忻与扫同谋。
烟波托命随时过，何用声名到九州。

太平万古肇隆基，红寺农耕乐最怡。
白酒祭神时欢饮，乌犍带雨晚初犁。
满流【渠】流水杨花舞，万顷膏腴麦秀肥。
田畯逡巡时慰劳，三边应得洽雍熙。
莱茯山高耸碧天，浮云终日亦油然。
因风豹隐升松岭，和雾苍茫锁洞前。
无意从龙相上下，有时伴鹤自翩跹。
朱炎大地城枯槁，空使苍生瞩望悬。

空山连日雪漫漫，天霁云开海宇宽。
琼树歌风银叶老，瑶林向日玉枝寒。
晴天冷艳欺红日，阴气寒凝积碧岩。
冰花虽落殊绝顶，也有阳和到朔边。

岳正《咏苏武山》诗云

迢遥石径路人稀，峰岭连云接翠岳。
沙远雪深樵不到，山高风冷雁难飞。
千年台上生香草，百丈岩前长翠薇。
昔日书成凭浪语，方知汉将得东归。

游坚诗云

一十九年心铁石，辉煌汉节自坚持。
白云东望常凝涕，黑水西流独惨悽。
寒透皮裘人已古，春回草木雁来迟。
芜台岁岁堆残雪，还似苏君在牧时。

都御史刘璋诗云

一十九年与死期，只将汉节强支持。
心扶日月秦云上，恨洗腥膻黑水涯。
双膝穷庐终不屈，一行雁足未为迟。
川源望处堆残雪，犹似羊裘在牧时。

御史张鹏诗云

忆昔典属国，牧羝北海边。
节旄随发尽，霜雪贯心穿。
落日羊归陇，西风草起烟。
空余荒冢在，萧索卧沙川。

参议张琳诗云

盛世封疆万里赊，南穷海滨北流沙。
中郎精义编青史，谁道张骞泛海槎。

副使吴铠《咏凉州城东北一里许鱼池》诗云

客里聊登塞上楼，陂塘雨过正清幽。
万山雪霁寒犹剧，四月风高柳尚柔。
清海苍茫微见月，黄云历乱早惊秋。
凭栏一笑山河胜，俯仰乾坤足壮游。

提学戴珊《咏永昌城南雪山》诗云

甘泉西去路遥遥，蠢尔羌胡手可招。
禹积所穷闻弱水，尧仁无外仰当朝。
半生马足尘相逐，四月山头雪未消。
何日士风随好处，菁莪棫朴起新谣。

流寓丁昂《于镇西楼闻角声》诗云

朝来画角起城头，三弄梅花动客愁。
孤馆惊回吴国梦，高楼吹断玉关秋。
尘生碧瓦霜华重，月落青山露气浮。
多少乡心归未得，不堪闻此泪长流。

《咏凉州城东五里有宋狄青为招讨时筑台》诗云

招讨荒台四百年，凉州风月几凄然。
白旄无复麾西塞，故垒仍前驻北川。

每岁春风霁碧草，有时朝雨起寒烟。
胡儿晚牧惟羊马，不见游人一醉眠。

明都御史徐廷璋诗云

筑台招讨说当年，此日台荒倍惨然。
风送轻云飞故址，雨余芳草长平川。
披蓑农父耕残月，荷杖山童牧晓烟。
今喜太平烽火息，守臣幸得一安眠。

《又咏古浪河城南八十里》诗云

元振当年握重兵，和戎计就筑斯城。
水通古浪鼍声吼，风过黑松琴韵清。
千载谋猷惟雉堞，累朝兴废一棋枰。
于今文武衣冠盛，四野熙熙仰大明。

谪戍御史汤鼐诗云

峰回路转树苍苍，望入平沙是战场。
地接羌胡严圻堠，山分天堑壮封疆。
河流风度滩声急，戍堞云来日色黄。
遥指肃州天尽处，桑弧蓬矢志初偿。

巡抚都御史赵锦，直隶良乡人，明嘉靖二十三年任。政尚宽厚，得人心。去之日，军民遮留塞道，赋《训俗太平歌》为别。去后余年，犹有涕泣思慕者。其歌曰：

五月甘泉清且冽，祁连万古犹封雪。
守朴道人行色忙，短歌聊向父老别。
追思去岁我西来，夷虏兵荒实可哀。
忧心悄悄不遑寝，欲把元气深栽培。
平生所学诚为主，民吾同胞物吾与。
视之如伤敢惮劳，病躯报国恒自许。
疲军羸马困已极，百孔千疮真惨恻。
积储较射竭凡庸，御侮安边筹上策。
痛惩掊尅淬剑锋，三令五申练精忠，
昨冬仰赖朝廷福，朵兰百战树奇功。
方喜遭逢酬素愿，白璧青蝇谁复辩。
今朝幸赋归去来，丁宁仍为储君劝。
孝顺父母怡兄弟，教子隆师睦乡里。
皇祖遗文鉴在兹，军民长幼皆当体。
士农工商儒释道，首政还须兴学校。
丰衣足食本分来，休丧良心为物盗。
苦躭狂药非佳品，酣睡日高犹未醒。
禹恶旨酒惜寸阴，吾人可不重思省。
男务耕兮女务织，活计千般斯第一。
天子籍田后亲蚕，匹夫匹妇宁安逸。
莫通番兮莫借债，天命流行无灾害。
勤俭成家懒惰穷，谩言富贵恒相待。

敬老恤孤又怜贫，阴骘从来好发身。
孰道眼前无报应，古今积德在儿孙。
贼虏交侵宜剿灭，争长竞短冤莫结。
战阵有勇即为孝，忠义门间光日月。
人心我心无偏倚，休将非理欺天理。
生灵百万本同家，人人咸要守法理。
区区才识原驽骀，上负明君无寸采。
天遣元良福我民，此身虽去忧还在。
诸老齿德盖乡邦，启沃忠言在耳傍。
当今戎狄正多事，义关休戚岂能忘。
临岐惜别情难已，援笔悽悽付伦纸。
愿领传示林林总总之黔黎互相警勉，
永翊我中兴休烈昭青史。
吁嗟乎！
太平洪福亿万年，愈见河西风俗美。

明洪武间流寓丁昂《凉州赋》云

　　黄河之右，有名郡焉，既曰姑臧，又称武威，乃西边之冲要，存五代之遗址。接金城，通张掖，天梯瞰其阳，青海经其北，上应井鬼之缠，下隶雍州之域。

　　厥产粟麦，其居土室。厥织毛𣰆【毯】，厥衣皮革。浸匪江湖，田间沙蹟【碛】。无疆场以区分，赖水泉而灌液。荒岗重叠，野草蒙茸，蛇虺绝迹，虎狼敛踪。花无异卉，木无椅桐，樗栎丛生，芬芳罕逢。殊乎中国，盖土地之所钟也。其城廓，粉堞连延，周回数里；巷曲交通，室庐栉比；人杂夷夏，货填关市，纷纭贸易，呕哑言语。其地舆，汉武开边，置郡立名，充国屯田，且战且耕；符【苻】坚始据，姚苌继兴，五凉更替，逮唐始平。其景物，镇西晓角，大云晚钟，金塔晴霞，天梯古雪，狄台烟草，平沙夜月，绿野春耕，黄羊秋牧。其原隰，沟洫不齐，或凹或高；以耕以耘，厥功实营；种不择时，水候雪消，收获宜早，霜至则凋。其人民，赋性鄙野，礼貌疏阔，志守刚悍，心怀阴谲；碧眼黄髯，戎语呜咽；酗酒恃力，尊卑无别。其习俗，岁时殊礼，婚嫁非仪，男轨蔑闻，女工鲜知；强弓快马，原野分驰，爰处爰居，移徙弗时。其服食，制皮为裘，织毛为褐，衿袂离披，靴履鳖躄；粥和乳酪，饮煮粗粝，蒜韭罗贮，腥膻杂割。其会集，架毡为篷，席地为筵，芦筒吸酒，起坐纷然；胡琴觱篥，音响骈阗，酣歌拍手，醉舞蹁跹。其禽兽，紫驼鸣川，黄羊走陆；海鱼无鳞，沙鸡无肉；狐狼夜嗥，鼯鼠昼伏；征骑群嘶，犛牛交逐。其气候，寒暑靡常，晨夕莫同，经年积雪，终日飘风，边尘四起，断梗飞篷；调燮乖宜，疴疾反攻。风俗著乎，古昔非政教之所迁也。

方今重华继统，四夷宾伏。朝贡以时，轮蹄交蹙，天马水犀，奇珍耀目。分列侯牧，怀来绥服，总戎练兵，较艺考绩。辟地屯种，年登谷熟。城郭坚完，土田高沃。赋税适宜，公私富足，库有余资，仓盈积粟。绝域诸方，皆为臣仆，夷面兽心，更为裕俗。虽圣化之敷遗，亦大臣之司牧也。嗟！余生于吴会，出自校黉。顾才能之委【萎】靡，沐圣泽之汪洋；列簪缨于朝署，陪鸳鹭之翱翔。力微任重，万死投荒。倏年华之廿载，久羁寓于此邦；念前辜之莫赎，盼天路之悠长。嗟暮景之衰迟，睇乡关之渺茫，登高望远，感慨彷徨。纪风土之大略，歌昭代之时康；忘己分之僭逾，缀鄙辞之荒唐；命墨卿之从事，讬行素而传芳。览斯文之硕士，幸勿诮其斐狂。

清顺治分守道叶先登《天梯积雪》诗云

岭上何年雪，炎曦却未消。
想同盘古辟，匪直自今朝。
蜀犬见应吠，夏虫语总嘲。
子卿啮不尽，片片作琼瑶。

《登武威城楼漫兴》

乘暇聊登北郭楼，武皇威略耀千秋。
祁连塚并凌烟峻，博望槎从天汉游。
四郡重开追禹迹，五凉迭谢复神州。
河山今日全中外，极目氛销佳气浮。

（全志终）

后记

经过多年的努力，我们校勘标点的清顺治《凉镇志》终于与读者见面了！它的出版发行可以说是凉州政治经济文化生活中的一件大好事，对于研究开发凉州、甘肃乃至中国西部历史文化，都具有重要意义。

看着这份沉甸甸的文化成果，我们既有成功的喜悦，也有诸多的感慨。喜悦的是凉州历史上迄今为止所见的第一部地方志书的出版发行，结束了对《凉镇志》只闻书名难见真容的历史，为进一步研究开发凉州历史文化奠定了基础。感慨的是校点这部稀见旧志时遇到重重困难并逐一克服的艰难历程。由于原刻本的印刷质量比较差，电子版图书给阅读者带来诸多不便。原书纸张透墨、互拓、重影、抠挖、涂抹，油墨不均，污染严重，字迹漫漶，难以辨认，且有个别漏行缺字现象。为了攻克难题，我们多次求助于多个图书馆、档案馆，在其他古籍中寻求帮助，追本溯源，查漏补缺。每当攻克缺损的一个字、图片中的一个地名和标示物，如同打了大胜仗一样，感到非常快乐。

在校点出版过程中，得到了国家图书馆、甘肃省图书馆等单位的热心接待和帮助，武威市凉州文化研究院组织审稿并予专项资助。西北师范大学文学院教授、古籍研究所所长、甘肃省政府文史馆研究员漆子扬先生提供相关史料并给予指导；中国科学院兰州文献情报中心助理研究员刘燕飞、嘉峪关市第一中学教师刘宗巨和嘉峪关市五一路小学教师石新萍，在资料搜集、原文录入及校对等方面做了不少工作。对此，一并表示衷心感谢！

我们尽管做了一定的工作，但由于个人水平有限，恐难尽如人意。对本书中存在的瑕疵和错误，期盼得到批评指正。

刘开柱　马昌仁
二〇二四年六月